なぜ日本人は韓国に嫌悪感を覚えるのか

室谷克実
Murotani Katsumi

飛鳥新社

まえがき

「日本は人類普遍の良心をもって歴史の真実と正義に向き合うべきだ」――日本の高潔なる人物が、教養のない若者に、こう説教を垂れるなら納得する。

しかし、ベトナムで大規模な虐殺と強姦を繰り返し、いまも世界じゅうに慰安婦を大量派遣している国の大統領が、何を偉そうに言うのか。

韓国では3月1日が独立運動記念日（三・一節）であり、その式典では毎年、大統領が演説する。

前任の朴槿恵《パククネ》大統領が「被害者と加害者の立場は千年たっても変わらない」と歴史に残る恨み節を唸《うな》って聞かせてくれたのも、5年前の三・一節だった。

文在寅《ムンジェイン》大統領は三・一節の演説で、慰安婦問題について、こうも述べた。

「加害者である日本政府が『終わった』と言ってはならない」

「戦争の時期にあった反人倫的な人権犯罪行為は、終わったという言葉で覆《おお》い隠せない」

そして「日本には特別な待遇を求めない。ただ最も近い隣国らしく真の反省と和解のためにともに未来に進むことを望むだけだ」とも述べた。

つまり、日韓慰安婦合意は意味のないことと確認するが、未来に向けた経済協力はしてよね、ということだ。

約束を平気で反故《ほご》にする、いつまでも蒸し返す、中国と北朝鮮にはやたら卑屈になるのに日本に対しては傲慢《ごうまん》に振る舞う——韓国の指導者のこうした言動の背後には、どんな国民性があるのだろうか。

この本は、韓国という対象を様々な角度から斬り、それぞれの断面を観察した結果をまとめたものだ。

一国の国民性を知るには、まだまだ観察すべき断面の数が不足しているが、ここに取りまとめた分だけでも、「韓国人とは何者なのか」を薄っすらと捉《とら》えることができると思う。

ここで改めて持論を述べておく。

「隣の国とは仲良くすべきだ」とは、戦後日教組教育が振りまいた洗脳型妄想だ。

世界を見渡して、隣国と仲が良い国がいくつあるのか。

昔から、戦争をするのは、ほとんどの場合、隣の国とだ。

まえがき

現に、韓国の文在寅政権が師と仰ぐ盧武鉉《ノムヒョン》元大統領は「日本を仮想敵国とすべきだ」と言い、竹島（韓国名は独島《ドクト》）周辺海域で、日本の海上保安庁や水産庁の艦船を、強甲艦の衝突により撃沈するプランを立てた。

盧武鉉氏は「北の核は防衛用だ」とも言い切った。

その後継者が韓国の政権を握り、平昌《ピョンチャン》五輪で舞い上がったかのように、従北の姿勢を鮮明にしている。

隣国への単なる興味ではなく、日本の安全を守るために、隣国の状況、歴史を積み重ねて出来上がった国民性は冷厳な視点で把握しておくべきだ。この本は、そのための努力の一環だと思っている。

なぜ日本人は韓国に嫌悪感を覚えるのか

◉目次

第4章 「亡国」の風景

第1章

実像

1 「半島」と「島国」の韓国学

「朝鮮半島」ではなく、「韓半島」と呼べ!?

隣りの国である韓国では、自らの国が位置する場所を「韓半島《ハンバンド》の南半部《ナムバンブ》」と呼ぶ。「南半部」とは、日本語にはない韓熟語だ。日本語化すれば「南半分」ということだ。

「韓半島の南半部」という言い方には、「北半分も韓半島」という認識が込められている。日本人は、あの半島の北半分も南半分も合わせて「朝鮮半島」と呼ぶ。それが韓国人には気に入らないようだ。

時事通信社の特派員としてソウルにいた頃、週に何度か支局を訪ねてくる情報機関員や外事警察の刑事が何人もいた。情報機関とは、かの悪名高いＫＣＩＡ（その後、国家安全企画部になり、現在は国家情報院）だ。その要員が、週に一度は必ず支局に来るのだ。治安本部（現在は警察庁）、ソウル市警、所轄の南大門《ナムデムン》警察署の外事課員らは、より頻繁に来た。本当に時たまだが、国軍保安司令部（現在は国軍機務司令部）の要員も来た。まさに入れ替わり立ち代わりだった。日本の公安調査庁や警視庁の外事課員も、韓国マスコミの東京支局を訪問しているのだろうか。

韓国の場合、彼らの任務は「外国マスコミの監視」とともに、国内の様々な出来事に対する「外国人特派員の見方の取材」だった。

だいたいは茶飲み話で終わるのだが、どういうわけか、彼らが頻繁に尋ねることがあった。

「なぜ、日本のマスコミは韓半島と表記しないのか」だ。私の答えは決まっている。「ある地をどう呼ぶかは、その国その国の長い歴史の所産でしょう」と。

いつも同じ答えなのに、彼らはしばらくするとまた、「どうして日本のマスコミは……」と尋ねるのだ。何らかの心理テストなのかとも考えた。

別のことも考えた。北朝鮮と韓国が対峙《たいじ》しているのに、この半島全体を「朝鮮」半島と呼ぶのは北への肩入れではないかと抗議しているのだろうか、と。

ある時、こちらから逆に尋ねてみた。「なぜ、日本のマスコミは韓半島と呼ぶべきなのか」と。

ある担当者とは2、3分で終わったし、酒を飲みながら、この件だけで小一時間も話した人もいた。

彼らの言うことは、ほぼ一致していた。

「われわれ韓国人は、ここを韓半島《ハンバンド》と呼んでいる。だから日本のマスコミも、ハン半島ではなくても韓半島《かんはんとう》と呼ぶべきだ。マスコミがそう呼べば、日本全体がそうなる」

私はさらに尋ねた。「北朝鮮では何と呼んでいるのか。まさか韓半島ではないでしょう」。答えは「北で何と呼んでいるかは関係ない」で、この部分は見事に一致していた。

北半部の人々がこの半島をどう呼んでいるかは無視して、南半部に住むわれわれが「韓半島」と呼んでいるのだから日本人も「韓半島」と呼ぶべきだ——これは、相当な独善発想に基づく要求だ。

こんな昔の話を思い出したのは、つい先日のこと。東京の居酒屋で、横の席にいた韓国人ビジネスマンが「朝鮮半島ではなく、韓半島です」と言うのが聞こえてきたからだ。言われた日本人は「あっ、すみません」と頭を下げ、「その……韓半島では……」と話を続けた。

まさに独善・傲慢《ごうまん》な韓国人と、〝謝罪魔〟のような日本人が織りなす典型的な光景だ。
「朝鮮半島ではなく韓半島だなどとほざく前に、君たちこそ『日王』と呼ぶのをやめて『天皇』と呼びなさい」「君のような〝謝罪魔〟が、国際社会での日本の名誉を貶《おとし》めているのだ」と怒鳴りつけたいところを、グッと抑えた。

「半島」の語源とは

振り返れば、ソウルの特派員から日本に戻り、『魏志《ぎし》』や『三国史記』（朝鮮半島に伝わる最古の史書、『三国志』とは別物）を読み始めてから、漢和辞典を牽《ひ》く機会が増えた。そのおかげで、「半島」という文字について、思いもよらなかった知識を得た。

博学の読者には「そんなことも知らなかったのか」と笑われてしまうだろうが、敢えて書く。

「半島」という熟語は、中国にはなかった。江戸時代の蘭学者がラテン語のpaeninsulaの訳語として案出した。

paen（原型 paeneの短縮型）は「ほとんど」、insulaは「島」で、「ほとんど島」という意味になる。

江戸時代に日本でできた言葉なのだから当然のことだが、『魏志』にも『三国史記』にも「半島」という熟語は出てこない。「遼東」あるいは「遼東の地」であり、「遼東半島」はないのだ。

韓国は戦後来、「日帝残滓《ざんし》追放」「倭色《ウエセク》一掃」を国策に掲げてきた。いまも「国語芳醇化《ほうじゅんか》」の名の下で、時として「追放すべき日本製熟語・ジャパニーズイングリッシュ」のリストが新聞紙面に載ったりする。

ならば、韓国人は日本人に向かって「朝鮮半島ではなく、韓半島と言え」と要求する前に、自ら「半島」という和製熟語を追放するべきなのではないのか。

実際に、漢字に詳しい韓国人の民族主義者はそう主張している。しかし「漢字に詳しい韓国人」というだけで、これはいまや大変に希少価値のある存在だ。もちろん、高齢者が多く、その発信力は微弱だが、「アジア・トゥディ」というマイナーメディアが社説（13年12月3日）で、「半島」という言葉を使うべきではないと主張していた。

この社説は、そもそも「政界の閣下論争」と呼ばれた騒ぎに対して向けられたものだ。「閣下論争」とは、朴槿惠《パククネ》与党の代表だった黄祐呂《ファンウヨ》氏が日韓・韓日議員連盟の合同総会のために日本を訪問し、総会で挨拶した際、「安倍晋三総理閣下」と述べたこと、つまり日本の首相ごときに「閣下」という敬称を付けたのはケシカラン、と野党が批判したことで始まった。

社説は、前半では国際慣例を挙げて「国際会議で相手国の総理に『閣下』という呼称を使用することはあり得ることだ」として、野党の追及姿勢を窘《たしな》めている。

そして後半、「もっと使ってはいけない言葉がある。『韓半島』だ」と始めるのだ。その部分を紹介しよう。

――「半島」とは文字どおり、「三面が海」でしかない「半端な島」という意味だ。日帝は「四面が海」である自分たちの領土を完全な島とし、しかも長く列を連ねる「列島」だとしながら、われわれの土地のことを半端な「半島」と言って貶《おとし》めた。「半島根性」云々《うんぬん》と言い、蔑《さげす》んだ。「半島」とは、日本がわれわれの領域を「半島」と言う名の下に縮小させ、民族の精気を抹殺するために造ったというハングル学会の指摘もあった。

それなのに、この言葉を全く引っかかるところがないかのように使っている。朴槿恵大統領は、「韓半島信頼プロセス」と言った。柳吉在《ユキルジエ》統一相は先週の経済人総連フォーラムで（以下、略）

この社説に出てくるハングル学会とは、「学会」とは名乗っているが学者の集まりではない。学者もいることはいるが、民族主義者の同好会みたいなものだ。

社説を書いた人は、日本人の私ですら知っているハングル学会の実態も知らずに、その「指摘」を引用したのだろうか。

いや、韓国人は一般的に「学者」「教授」「学会」に権威主義的に対応する。一学者、一教授の言よりも、「学会」としての指摘のほうが遙かに権威がある。それを引用することで、一般読者への説得力を高めようとしたのだろう。

それにしてもまた、何とレベルの低い指摘だろうか。

自意識過剰と被害者意識

日本は「半島」という言葉を（朝鮮）民族の精気を抹殺するために造った——というのだから呆れてしまう。呪術《じゅじゅつ》の世界の話だ。

「民族の精気」なるものが存在するとして、それは外部から悪意を込めた地名を付けられると抹殺される危機に瀕する程度のものなのか。

いやそもそも、日本の蘭学者が「半島」という和製熟語を案出したのは1800年代のはじめのことだ。李氏朝鮮の時代だ。

年代から言っても、李氏朝鮮が存在する地に呪いを込めた造語であるはずがない。日本列島の至る所に「〇〇半島」の地名があるのは、まさにその証拠だ。

ハングル学会の会員だって日本地図ぐらい見たことがあろうに、「日帝が朝鮮のために造った言葉」になる。どこまでも自意識過剰というか、被害者意識が強い人々なのだ。

「アジア・トゥデイ」の社説は、ハングル学会の指摘まで取り出して「半島」という言葉を使うべきではないと主張しているのだが、では代わりに何と呼ぶべきなのかの提案はない。

実は、「半島」という熟語に限らない。現代韓国で使われている社会的概念用語、物理化学分野の用語の大部分は、日本人が案出した和製漢字熟語だ。中国でも同様だ。

「民主」「主義」「共和国」「資本」「論理」「厚生」「福祉」「公害」といった和製熟語は何ら問題にされずに使っているのに「半島」だけ問題にされるのは、それが「朝鮮に対する悪意の産物」という理解だからだ。しかし、それは韓国人の自意識過剰の思い込みによるのだから、何をか言わん。

「島国」は侮蔑語

この社説の記述（日本は〝完全な島〟の部分）とは少し矛盾するかもしれないが、韓国では「島国」という言葉を、日本に対する侮蔑語として使っている。その場合の「島国」は、「トゴク」と漢字の韓国語読みではなく、「ソムナラ」と固有語（日本で言えば和語）で言う。「ソムナラ」と言えば日本のことでしかない。イギリスもセイロンも、あるいはキューバも明らかに「島国」だが、韓国人が「ソムナラ」という場合は「昔から野蛮な悪の固まりだった倭国《わこく》、すなわち日本」のことなのだ。

日本の会社員が韓国に出張して宴会の席などで質問を浴び、「日本では……」と食事の作法や礼儀、最近の近所づきあいといったことについて生真面目《きまじめ》に語るのは、よくあることだ。すると韓国人はしばしば、「それは、日本が島国だからでしょう」と相槌《あいづち》を入れる。何とも思わずに帰国する日本人が多いが、実はこれは「軽蔑の対応」なのだ。

おそらく、江戸時代の朝鮮通信使が日本で見聞した自分たちとは異なる風俗を「野蛮な島国ならではの奇習」として伝えたことが、そのルーツなのだろう。

思い出すのは、東大の大学院に留学していた韓国人女性のことだ。（以下の話の概要は、時事通信社に在勤中に、はじめは自由社発行の『韓国文化』、その後、西原勝洋のペンネームで時事通信社発行の情報誌『時事解説』『時事評論』にも書いた。西原勝洋からの「盗作」ではなく、西原勝洋＝室谷克実である。韓国の「かたち」を示すのに、あまりにも面白く象徴的な話なので、改めて書く）。私はある日突然、ソウル特派員の内示を受けて彼女を紹介され、彼女が住む東大の女子寮に通って韓国語会話の初歩を学んだ。

ある日のことだ。彼女が「私の論文をみんなが笑う」と言って、原稿用紙を出してきた。論文というよりはコラムといった短いものだった。何について書いてあったかはすっかり忘れてしまったが、最後の部分だけは覚えている。

「日本は男女混浴を常とする。それは日本が島国である故だ」

私も笑いだしてしまった。

私「あなた、銭湯に行ったことがないの。すぐそこにあるじゃないか。男湯と女湯に分かれているでしょ」

彼女「行きません。この寮にお風呂がありますから」

私「一度行けば分かりますよ」

彼女「絶対に行きません。入り口だけ男女別々でも、浴場は一緒でしょ。日本の小説によく出てくるではありませんか」

彼女は、私が知らない小説家の名前とその著作をいくつも挙げた。

私「島国の故に……というと、イギリスやアイスランドでも……」

彼女がキッと目を吊り上げた。

何週間かして、私はふと「島国の故」の件を思い出した。ちょうど、暑い日だった。彼女の対日誤解を解いてあげたいと思った。それで、「汗びっしょりだ。これから、あそこの銭湯に行ってみるかい」。

彼女の顔の恐ろしかったこと。

彼女は韓国に戻って大学教授になり、日本文学を担当していると風の便りで知った。

もしかすると、彼女は日本小説講読の時間に、「日本人はみんな否定しますが、この小説にもあるように、日本は男女混浴なのです。日本のジャーナリストが白昼堂々、平気な顔をして私を混浴に誘ったのには、もう呆れ返りました。やはり、日本は島国なのです」と教えているのかもしれない。

2 現代韓国人の自画像

朴正熙が「漢字廃止」を宣言

韓国はいま、漢字を知らない〝ハングル専用脳〟の人間しか、ほとんど存在しない国家になってしまった。それなのに、漢字を知っていると振る舞う人がいるから、泣き出したくなるような「哀れな笑劇」が出てくる。語彙《ごい》の七割が漢字語なのに、漢字を廃止してしまった「国民的悲喜劇」については、いずれ紹介することもあろう。今回は「哀れな笑劇」と、〝ハングル専用脳〟の韓国人が日本にプレゼントしてくれた自画像について書く。

半島の支配層は、約70年前まで漢字を使っていた。李王朝の公文書は、中国語（漢文）だった。

日本は朝鮮半島を併合すると、まず環境衛生と教育に力を入れ、ハングルと漢字を普及させた。日本統治下の新聞は朝鮮語の語順に従い、漢字を並べて、日本でいえば和語に当たる固有語、助詞や語尾のみをハングル（朝鮮文字）で表記していた。

ところが、一つの「知的技術体系」とは、一世代でも空白があると無残に崩れ去るもののようだ。

韓国では1948年、李承晩《イスンマン》政権が「ハングル専用法」を公布する。その動機は定かでない。「中共軍が使う文字は使うな」なのか、「庶民にまで普及した漢字は日帝の残滓《ざんし》だから」なのか。きっと、これら二つの言い分に「漢字は外来文字だが、ハングルはわが民族が造った文字だから……」という民族主義の主張が加わったからなのだろう。

世宗《セジョン》王がハングルを公布する際に見せた「漢字を読めない愚民のために」とする凄《すさ》まじいばかりの〝蔑《さげす》みの目線〟は知られていなかったのだろう（いまも韓国ではほとんど知られていない）。

「ハングル専用法」は、公文書は原則としてハングルで書くことという内容だが、罰則規定はなかった。それで新聞は、漢字語は漢字で表記する原則を続けた。

ところが1970年、朴正熙《パクチョンヒ》政権が「漢字廃止」を宣言すると、状況は変わった。学校で、漢字を教えなくなった。

70年に小学校に入った人は、いま50歳代中盤だ。それ以下の韓国人は、学校で漢字を習ったことがない世代なのだ。

「漢字廃止」が宣言されても、ほとんどの新聞は漢字を使い続けた。ただ、紙面に漢字が占める割合はどんどん低下していった。そして80年代の前半には、稀《まれ》にしか漢字がない紙面になった。

年寄りの読者は漢字も読めるし、ハングルも読める。若い読者は漢字を読めない。ならば、漢字をできるだけ使わない紙面にすることが、若い読者を増やすことになる。

雑誌も小説も、テレビの字幕も、技術的なマニュアル書も、市販の薬の効能書きも、みんな稀にしか漢字がない文面になった。

80年代前半から、もう30数年間。そうした文字文化のなかで過ごせば、漢字を知っていた人も忘れてしまう。いくらか読めても、書けなくなる。そして、鬼籍《きせき》に入る人も増える。

自分の姓も漢字で書けない

あらたまった文書に署名する場合、姓名を漢字で書く人は、いまでも少数はいる。姓はそもそも漢字であり、名は最初からハングル名の人もごく少数いるが、大部分は漢字の名前を持っている。「漢字廃止宣言」をしたのに人名に使える漢字の法定一覧表が存在するのだから、不思議な国だ。しかしほとんどの人は、あらたまった文書にもハングルで署名する。

だから、こんな現実になる。

儒教系の大学である成均館《ソンギユングアン》大学の教授が、ソウル在住の30歳から80歳代までの427人にアンケート調査した結果だ（聯合ニュース11年10月24日）。

「47・8％が自分の子供の名前の漢字を間違えて書いたり、書けなかった。30・2％は子供の名前を一文字も書けなかった。

子供の名前を漢字で書けない人は弱年層ほど多かった。書ける人は60歳代が64・6％で最も多く、次いで50歳代（56・0％）、40歳代（54・6％）、30歳代（37・2％）などの順になった。

崔、鄭、柳など比較的難しい姓を持つ回答者は、自分の苗字も書けない人が多かった」

この調査から、ほぼ7年。韓国人の漢字忘れ・漢字知らずの状況はさらに進んでいるはずだ。

「国放部長管」が中国大使に

そんな状況なのに、韓国人は時として、無理をして漢字を使おうとする。大韓帝国まで続いた厳格な身分制度では、漢字を読み書きできることは両班《ヤンバン》（貴族）であり、知識階層である証明だった。

そんな歴史があるからだろう。韓国の「偉い御方」は、漢字を使ってはお笑いの種を振りまいてくれる。

独立運動の指導者で、上海臨時政府を率いていた金九《キムグ》は韓国で英雄として祀《まつ》られている。国民的英雄の追悼式典に、国防相（韓国では「国防部長官」という）が花輪を贈るのは慣例なのだろう。

盧武鉉《ノムヒョン》政権下のことだった。国防相だった金章洙《キムジャンス》氏も生花を贈った。日本の法事で贈られる生花は花の後ろに木札が突き刺してあるが、韓国では花を束ねた部分に贈り主の肩書と姓名を記したリボンを掛ける。

問題は、そのリボンに記された肩書だ。「国防部長官」が何としたことか、「国放部長管」になっていたのだ。

ハングルで書けば、「防」も「放」も「방」（パン・バン）だ。だからハングルで書けば、「放火」も「防火」も同字で同音になる。

「官」も「管」も、ハングルで書けば同じ「관」（クワン・グワン）だ。

「国防部長官」が「国放部長管」になってしまうのは、〝ハングル専用脳〟では当たり前のことに属するのだろう。

花屋への注文が「漢字」を示さないままの電話注文であったとしても、あるいは間違った漢字での注文表が出されたのであったとしても、花屋は辞書を牽《ひ》いて確かめればいい。韓国のネット辞書は、そうした要求に充分に応えている。

韓国のネット辞典（ネイバー辞典）に、ハングルで「コクボウブ」と打ち込めば、意味説明の前に「国防部」の漢字表記が出る。「チョウカン」も同じだ。

が、花屋も国防省の秘書課員も、もしかしたら国防相自身も、ネット辞書にアクセスしてみる努力すら怠った。その結果が「国放部長管」のリボンになったのだ。

金章洙氏は左翼・盧武鉉政権の国防相から、保守・朴槿恵《パククネ》政権の国家安保室長になった。しかし、セウォル号沈没事故で辞任して「これまで」と思ったら、いつの間にか「漢字の国」中国に駐在する大使になった（17年11月帰任）。「凄い人」なのか、それとも朴槿恵大統領の〝持ち駒〟が少なかったからか。

脇道に逸《そ》れるが、金章洙氏の後任大使である盧英敏《ノヨンミン》氏は漢字の素養があるらしい。習近平・中国国家主席に信任状を奉呈《ほうてい》した際、芳名録に「万折必東　共創未来」と書いていた。

「万折必東」とは、黄河はどう曲がろうが、必ず東に流れていくという意味で、朝鮮李王朝が中国（明《みん》）に忠誠を誓う文書の枕詞《まくらことば》だった。

文在寅《ムンジェイン》大統領の長年の盟友である盧英敏氏は、典型的な媚中《びちゅう》派だ。きっと大統領もそうなのだろう。

ケンチャナヨ文化

仏僧は漢字の素養があるはずだ。大統領だった盧武鉉《ノムヒョン》氏の没後にその墓を造る際、名だたる高僧が揮毫《きごう》した「盧武鉉」の文字を墓の盤石（フタになる部分）に彫り込んだ。ところがそれは、「盧武鉉」の「盧」の字が「とらかんむり」（虍）ではなく「まだれ」（广）になっていた。異体字ではない。誤字だ。しかし、そのまま盤石になってしまった。

同じような笑い話は15年、済州島《チェジュド》でも起きた。韓国の広域自治体は、特別市（日本でいう政令市）と道に大別される。済州島は島全体が済州「道」であり、他の道より自治権限が多い「特別道」になっている。

「島」も「道」もハングルで書けば「도」（ト・ド）だから、ハングルで「チェジュド」と書いてあったら「済州島」なのか「済州道」なのか、区別できない。それはいいとして、笑い話は道議会正門の新しい銘板で起きた。

緑色のブロンズ地に、金色の文字が浮かんでいる。きっと値が張る銘板だ。上からハングル、英語、漢字の順で表示があるのだが、漢字の表記は「議会」が「義会」になっていた。「議」も「義」も、ハングルで書けば同じ「의」（ウィ）だ。

済州島の地元メディア「済州の音」（15年11月13日）が写真付きで報じたので、明らかになった。

「済州の音」は正直に書いている。

「情報提供を受けて13日に道議会の正門に掛けられている表札を確認した結果、『濟州特別自治道義會』と表記されていた」

つまり、漢字をよく知る人から指摘されるまでは、「済州の音」の記者も気が付かなかったのだ。もちろん、道議会議員も道議会の事務局員も。

いや、みんな漢字を習ったことがない人々だろうから、気付かなくて当然だ。みんな読めないのなら、銘板の三段目の文字列は装飾のようなもの。どんな漢字が並んでいたってよかろうかとも思う。

しかし、道議会は銘板を作り直した。指摘した人物が「中国人客が見たら〝無知な議会〟と思う」と述べたためらしい。

ブロンズの銘板の制作には、相当な手間がかかる。リボンに字を書くのとは違う。しかしその工程中に、制作会社の誰一人として「この字はおかしい」と思わなかったし、「もし間違っていたら大変だから」と辞書を牽いてみる努力もしなかった。

これぞ、「ケンチャナヨ文化」がなせる業《わざ》だ。ケンチャナヨとは「大丈夫」「気にしない」といった意味であり、「ケンチャナヨ文化」とは、大雑把《おおざっぱ》な精神で不正確さや法的不正を許容する雰囲気が社会に満ちている状態をいう。

韓国人は漢字を知らないだけではない。職業上、漢字を扱う人も「ケンチャナヨ」の精神で、確認の努力をしないのだ。漢字の誤りぐらいなら笑い話で済むが、原発の運用にも「ケンチャナヨ」が出てくるから恐ろしい。

「チョン」ならぬ「テヨン」

私は時事通信社のソウル特派員だった1981年、女子支局員の採用試験をした。みんな日本語学科の卒業予定者だから、会話はうまかった。簡単な漢字の問題も出した。すると、「水」を「フ」から書き始めるのは当たり前。「フ」の左下への「はらい」が直線になっているのも当たり前。

「田」の字を、横三本→縦三本の順に書いた受験者には驚かされた。

大学の日本語学科では、簡単な漢字の読みは習っても、書き順までは習わないのだろう。正解が多かった受験者にしても、その字体は完全にハングルに引きずられていた。

ハングルは直線と○だけの構成だ。斜線はあるが、漢字の筆法の「はらい」も「止め」もない。

だから、「二」ではなく「ㅡ」になる。「はね」もないから、「水」の正しい第一画目はただの縦棒になる。

逆に、日本人が書いたハングルはすぐに分かる。すべてが漢字の筆法に引きずられているからだ。

韓国問題を扱うネットでは、すでに御馴染《おなじ》みの単語に「テヨン」がある。韓国人のことを指すのだが、この言葉が誕生したのは15年のことと思う。日韓双方のネットに、東京・新大久保一帯に「チョン出ていけ」との落書が多数あり、日本がヘイト国家である証拠だとする文面が写真とともにアップされた。

しかし、その写真を見て吹き出してしまった。「チョン」ではなく「テヨン」になっていたからだ。「テヨン」はたちまち、韓国関連ネットの流行語になった。

ハングルには「私」という漢字の一画目のように、右上から左下に払う字部はない。「丅」はあるが、「千」や「干」のような字部はない。〝ハングル専用脳〟の人が見よう見真似で書くと、「チ」の字が郵便のマーク（〒）に限りなく近い「テ」になってしまうのだ。

ハングルの発音をカタカナで書くと、やたらに拗促音《ようそくおん》が多くなる。しかし、ハングルはすべて全角で表記され、促音表記文字は存在しない。「ョ」が「ヨ」になってしまうのも〝ハングル専用脳〟では当然だ。

「ン」の字の二画目のような字部もない。カタカナの「ン」を書こうとすると、「二」の二画目が右肩上がりになった「ニ」になる。

具体的証拠は、と詰められたらお手上げだが、ネットにアップされた「チョン」ならぬ

「テヨン」の文字は、漢字を習ったことがない〝ハングル専用脳〟の人物が見よう見真似で、慌てて書いた文字だ。私はそう確信している。ビジネスで韓国に長期間いたことがある何人かの日本人も、同じ意見だった。

自作自演で被害者になりすますことは、韓国の国技のようなものでもあるし……。

「テヨン」とは、漢字を捨ててハングル一辺倒になった現代の韓国人が、日本人にプレゼントしてくれたお粗末きわまりない自画像なのだ。

3 働かないことの価値

偉い人は働かない歴史

韓国人とは、働かないことと見付けたり――。こんなことを言うと、〝良識ある日本の市民〟は間髪容《かんはつい》れず「ヘイトだ」と叫ぶに違いない。しかし、ここで「ヘイト」と糾弾の声を上げる人々に、私は疑問を持つ。

なぜなら、そうした人々は「働かないこと＝悪」とする価値観の信奉者だ。その価値観はおそらく、天照大神《あまてらすおおみかみ》が機織《はたお》りをしていたあたりから始まる。神が庶民と同じように働く――日本神話に現れる天照大神の姿は、世界でも珍しい。

いまでも世界のキリスト教徒のなかには、楽園から追放されたアダムに科せられた罪が労働であると考え、「働くこと＝基本的に悪」と認識している人々が少なからず存在する。

「働かないこと＝悪」を〝世界の常識〟と思い込んで、「韓国人とは、働かないことと見付けたり」と聞くや「ヘイト」と決め付ける〝日本の市民〟とは、実は日本神道の価値観の奴隷なのではあるまいか。

本題に入る。

韓国にはキリスト教信者が多い。しかし、彼らが働かないで過ごせる日々、そのための方途《ほうと》を得ることを「至高」と見る思想は、朝鮮半島にキリスト教が伝来されるより遥か前からあった。

半島に、この価値観がいつ発生したのかは特定できない。半島に伝わる最古の歴史書である『三国史記』に出てくる神話的人物のなかで唯一、庶民レベルの仕事をするのは、新羅《しらぎ》4代目の王である脱解《タレ》だ。しかし、その脱解は半島で生まれたのではない。卵の形で日本列島から流れてきたとされる神話的人物だ。

半島に伝わる他の神話のなかにも、天照大神のように働いた存在はいない。

李王朝は「儒教＝至高の価値」だから、「儒教を知る人間＝両班《ヤンバン》＝無条件に偉い」という詐術のようなイデオロギーによって1392年に成立した。

そこは、上から言うと両班（貴族）――中人《チユンイン》（通訳や天文観察者など宮廷内の専門職）――常民《サンミン》

（農民）―奴婢《ノビ》と続く世襲の身分制社会だった。最上位にいる両班は地主であり、奴婢を抱えており、「キセルより重たい物は持たない」と揶揄《やゆ》されるほど、一切の労働をしなかった。

李王朝末期、西欧から来た外交官（宣教師ともいう）が両班にテニスを紹介した。夏の暑い日、汗びっしょりになってラケットを振るう白人を見た両班が「あんなことは奴婢どもにやらせればいいのに……」と、外交官の氏素性《うじすじょう》を疑ったというエピソードもある。

両班は地方で気ままに暮らせたが、富を思いのまま得るには官職に就かなければならない。そのためには科挙《かきょ》に合格しなければならない。「5代続けて科挙合格者が出ない家系は帰農」という決まりも一応はあった。

それで、両班の子弟は幼少の頃から漢字を学び儒教の経典に取り組んだ……ということになっているが、これは〝お噺《はなし》〟のようだ。朝鮮半島の科挙はたちまちカンニングが始まり、やがてカンニングをする者があまりに多いので取り締まりも難しくなり、官位が高い両班の子弟は受験手続きさえすれば合格になった。金で買うこともできた。

そこそこ勉強して「科挙合格」の資格さえ手に入れれば、あとは猟官《りょうかん》運動に専念したのだろう。

両班社会の産業文化

両班の人口に比して、官職のポスト数は絶対的に少なかった。誤解がないよう述べておくが、李王朝時代の職業とは、官職か農業か奴婢かしかなかった。商工業者は例外的存在であり、両班が就くべき仕事ではなかった。だから両班は有力な派閥に入り、領袖《りょうしゅう》にゴマを擂《す》り、ポストの空きを待ったのだ。

めでたく官職を得たら、あらゆる権限を駆使して蓄財する。官職とは「指図だけする仕事」であり、金品の不法な略奪も配下にさせた。

何しろポスト数が限られているから、派閥争いは熾烈《しれつ》だし、同じ派閥のなかでも足の引っ張り合いが露骨に展開される。そのなかで勝ち抜くには、上司へのゴマ擂りしかない。その資金を得るためには、さらなる収奪が必要だ。どんな悪辣《あくらつ》なことをしても、地方官は警察権限と裁判権限を持っているのだから怖いものなしだ。

しかし、派閥争いと足の引っぱり合いで、いつまでポストを確保できるか分からない。だから、稼げるうちに思い切り稼ぐのだ。

統治イデオロギーとして儒教（朱子学）の看板を掲げた国の内部は、儒教が説く「徳」とはまったく無縁の世界だった。

今日、韓国の4大財閥に就職できる大学新卒者は2%ほどとされる。財閥のホワイトカラーは、まさに今日の両班だ。新入社員は直属の上司だけにゴマを擂る。そして、中堅になったら下請け業者をいじめて裏金を上納させる。その一部を上司に届けて出世を目指す。李王朝時代と本質的に変わらない姿が、そこにある。

公務員や軍人、司法関係者の世界も、こうした構造は基本的に同じだ。

復活した身分制度

産業発展もないまま、「指図だけする人々」（両班）がやたら威張っている社会は、江戸時代の2倍に当たる519年間も続いた。

「偉い人＝指図だけする人」「下人＝汗を流して働く民」という今日の韓国型産業文化を規定する価値観は、長かった李王朝時代を通じて完全に定着したのだろう。日本統治の時代はそうした価値観をいくらか突き崩したが、完全に崩壊させるには短すぎた。

戦後の韓国は、法律に依《よ》らない身分制度をたちまち復活させた。

簡単に言えば、ホワイトカラーは「偉い人＝指図をする人」であり、ブルーカラーは「下人＝汗を流して働く民」という構図だ。

それは現実の問題として「世襲的」だ。ブルーカラーの何倍もの収入を得るホワイトカラーの子弟は良い学習塾に通い、評価の高い大学に入り、親のコネで早々にホワイトカラーになる。

ブルーカラーの家に生まれ、学習塾にも通えず、ブルーカラーになったら、10年勤続したところで、その月給はホワイトカラーの初任給に届くかどうか。

そこで、ブルーカラーも無理をして子弟を大学に進学させる。大学進学率7割超の高学歴社会が、ここに出来上がった。

「大学の卒業証書」は、ある時まで現代の両班への入場券だった。しかし、ホワイトカラーの採用口はさして広がらない。そうするうちに、さらに大卒者の数が増える。

「大学の卒業証書」は数ある資格証のなかの最低基準になり、「留学経験あり」「○○士資格合格」「TOEIC○○○点」といった付加資格（これをコリアン・イングリッシュで「スペック」と呼ぶ）が必要になった。

が、歳月と費用を使って「スペック満載人間」になっても、公務員試験や大手財閥には容易に受からない。「親のコネ」という壁が厚い。

浪人、留年（多くは学費稼ぎのアルバイトのため）、兵役、留学（語学留学が大部分を占める）、そして当たり前になった就職浪人。大卒ですぐに就職できるのは、近年は5割前後。しかも、その半分は非正規職という実情だ。大卒男子の平均就職年齢は、いまや30歳前後になっている。

「偉い人」を親に持つ学生は兵役も免除になり、20歳代前半で就職して「指図する人」への道を進んでいく。その一方には、40歳にもなるのに公務員試験を目指す就職浪人がいる。

科挙には合格したのに官職を得られず、悶々《もんもん》として消日《ソイル》する両班の姿に重なる（消日とは韓国語だが、実感を伴う表現だ）。官職を得られぬ両班は派閥の領袖の食客《しょっかく》になったが、いまや食客を抱えてくれるような人はいない。

それで彼らは、1坪ほどに仕切られた部屋を借り、インスタントラーメンをすすり、ミネラルウォーターより安い焼酎を飲みながら、来年の試験を目指すのだ。

労働市場への毎年の新規参入者のなかで大卒者が7割以上を占め、その半数が職にありつけない。ここだけ見れば、韓国は高失業社会だ。

「石の上にも三年」は無能

しかし、求人がないわけではない。実は、中小企業は慢性的な人手不足状態にある。ところが、昔で言えば両班――誇り高い大卒者（実は、もう全然エリートではないのに）は、そんなところに勤めようとはしない。

現代の両班（候補）にとって中小企業とは、大企業で肩叩きにあった人々、高卒以下、パートの女性が行く職場と認識されているのだ。就職浪人は糊口《ここう》を凌《しの》ぐために、中小企業でアルバイトすることはあれ、彼らが目指すのはあくまでも「指図できる立場」なのだ。

中小企業でもホワイトカラーならともかく、汗を流して働くブルーカラーは彼らの想定にない。

それでも、韓国の勤労者の9割は中小企業に勤務している。ブルーカラーとして働かざるを得ない人々も、自らの職を「下人がすること」と思っているから、職業に誇りを持たない。その道で「一人前」さらには「匠《たくみ》」の存在になろうとは思わない。少しでも給料の高い職場を目指すだけだ。中小企業の生産現場は1年で半数が入れ替わるほど、転職が激しい。この国では、同じ生産職ポストに長くいると「無能だからだろう」としか見られない。

「石の上にも三年」「額に汗する」あるいは「率先垂範《そっせんすいはん》」も、「指図する人」だけが偉い国では「無能な下人」がすることなのだ。工作機械のメンテナンスなど、「下の下」の仕事だ。結果として、この国では優れた部品や日用品は生産されない。産業プラントも建造物も、たちまち劣化が進むのだ。

憧れの「神の職場」とは

「神の職場」と言ったら、日本人はどんな職場環境を想定するだろう。私は、待遇は恵まれていないが、社会的弱者のために皆が一所懸命に働いている職場としか頭が回らなかった。周辺の人々に尋ねると、神社や教会のことと思う人もいた。「営業の鬼」とか「会社法の神様」と言われる重役の執務室、あるいは「溶接の神様」などと崇《あが》められる匠が腕を振るう作業場を挙げた人もいた。

しかしかの国では、仕事らしい仕事をしなくても高給・高待遇が保障され、かつ指図する権限が強い職場を指す。韓国の新聞に載った「神の職場」の用例を示そう。

「金融監督院は本当に羨《うらや》ましい神の職場だ。……高年俸と金融機関の生殺与奪《せいさつよだつ》権を握った独占的な権力、そして天下り人事を通した老後の保障まで、三拍子が揃った機関だ」（中央

日報11年5月31日）

「国連の職員は世界中の公職者年俸のなかで最も高い水準の給与であるうえ、ほとんど定年まで働けるだけでなく、福利厚生も良い。このため、一部では国連を〝国境のない神の職場〟と呼んでいる」（東亜日報13年6月11日）

「行員の平均年収は1億ウォン近く、ここ5年間に退職した役員48人全員が傘下の子会社に再就職した。こんな神の職場である産業銀行」（朝鮮日報16年6月8日）

つまり、挙げて怠慢であり、不正が罷《まか》り通り……それでも高給与・高待遇が得られるところこそ、彼らが憧れる「神の職場」なのだ。

若者が移民を希望

私が1980年の韓国赴任を前に、韓国語の勉強に使ったテキストは梁吴淵《ヤンホヨン》編著の『韓国語講座（I）初級用』（1979年、高麗書林）だった。

語学の入門書とは、基本的な単語を基本的な構文のなかにちりばめる。ついでにその国、その国民性の「良い部分」も、そこはかとなく紹介するものだ。梁吴淵氏は韓国人だから、ハングルを公布した世宗《セジョン》王の功績を紹介する文例も、テキストのなかにある。

そうしたテキストのなかで、私が凄《すさ》まじい違和感を禁じ得なかった例文があった。以下のようなものだ。

「ここは春が短いです。秋も短いです。夏と冬は長いです。春と夏は仕事が多いです。秋も仕事が少なくありません。しかし、寒い冬は仕事がありません。冬は楽しい季節です」

農村の1年を紹介する文面だが、「仕事がない＝楽しい」という韓国人の価値意識が、何も悪びれることもなく素直に表れているように思えてならない。

韓国で1年間を過ごすと、その冬の厳しさが分かる。それでも農村に住む韓国人にとっては、仕事がないから楽しい季節だったのだろう。

16年春、韓国の就職斡旋《あっせん》サイトが、就活生を対象に海外就労希望についてアンケートを実施した。回答者のうち87・4％が「機会さえあれば海外で就労をしたい」と回答したのは驚きだ。しかし、大企業に入って海外勤務をしたいというのではない。移民して海外で職を得たいというのだ。

「海外就労を希望する理由に関しては、福祉と勤務環境が整っているという回答が30・6％で最も高く、韓国ではこれ以上就職が見込めないとする回答も22・9％にのぼった」（中央日報16年3月11日）という。

「ヘル・コリア」（地獄の韓国）と若者が叫ぶ国の就職難は理解できる。しかし、その若者にして海外就労希望の理由に「福祉」が出てくるのはなぜか。

高福祉国家に移民して「指図する人」になりたいが、なれなければ生活保護をもらって働かずに楽しく暮らしたい――そんな〝理想〟が背後にあるのではなかろうか。

「最近ソウル江南《カンナム》のある中学校の教室で先生が生徒に将来の夢について尋ねたところ……」と始まる記事があった（中央日報17年4月10日）。江南とは、ソウルの高級住宅地であり、教育熱がひときわ高いところだ。

記事は続く。「約30人の生徒のうち半分以上が〝無職の金持ち〟と答えた」と。こんな国で新しい創造的な文化が生まれるはずはない。

列島と半島――そこに住む人々の勤労に対する価値意識は、天照大神の昔から違うのだ。

4　かくて孝行者は消滅した

老人雇用率は世界最高

韓国の75歳以上の高齢者の雇用率は19・2％で、経済協力開発機構（ＯＥＣＤ）加盟諸国のなかで最も高いことが明らかになった。これは、ＯＥＣＤ平均4・8％の4倍水準。日本は8・2％だった――16年6月3〜4日にかけて、韓国のいくつかの新聞が伝えた内容だ。

すると、前節で書いた「韓国人とは、働かないことと見付けたり」とは誤りだったのか。いや、間違いではない。韓国人にとって、働かないで過ごすことは至高の価値だ。それなのに、75歳を超えても働かざるを得ない現実がある。ＯＥＣＤ調査の結果を伝えた東亜日報（16年7月4日）は、こうコメントしている。

「年金や財テクで老後に備えることができず、仕事で生計を立てなければならない高齢者が多いからだ」

このコメントが間違っているとは思わないが、東アジアの儒教圏社会ならではの重要なファクターが欠落している。

「年老いた親の面倒は子供が見る」という意識が急激に減少したことだ。代わって急増したのは、「老人の扶養義務は社会にある」との意見だ。

「扶養義務は社会にある」と言っても、年金受給者のおよそ8割は月受給額が25万ウォン(以下、100ウォン=10円程度と理解されたい)未満だ。日本よりは物価が安いと言っても、これでは生活できない。嫌々ながらも働かざるを得ないのだ。天照大神《あまてらすおおみかみ》の後裔《こうえい》たちのように、厚生年金で食べていけるが働けるうちは働きたい、というのとはわけが違う。

昔は老人天国だった

いまでも日本人向けの韓国人観光ガイドは、「韓国は儒教の国なので、お年寄りをたいへんに大切にしています」などと大嘘を言っているらしい。ガイドになったばかりの時に暗記させられた台詞《せりふ》は、容易に修正できないのだろうか。

少なくとも1980年代の韓国は、日本よりずっと貧しくても「老人天国」だった。老人は大切にされていた。

こんなことがあった。

銀行員だった時に東京支店に勤務したことがあり、日本語はペラペラ、〝肩叩き〟により銀行を退職し、証券会社、メーカーに勤務したが、いまは遊んでいるという人の存在を知った。会ってみると、健康そうだし、知識も豊富だった。

「うちの支局で翻訳の仕事をしてくれませんか」とお願いした。良い待遇を提示するつもりだったが、それを言う前にあっさり断られた。

「私はもう55歳ですよ。まだ仕事をしているのか、と周囲の人に笑われてしまう。何よりも息子に叱られますから」と。息子が叱るのは、「55歳の父親をまだ働かせている不孝者」に見られてしまうからだ。

日本出張から戻ったばかりの新聞記者からは、「東京で電車に乗って驚きました。お年寄りが立っているのに、若者が席を譲らないで平気な顔をしている。信じられない光景でした」と聞いた。

いまやソウルの地下鉄では、老人に席を譲るどころか、些細《ささい》なことから若者が老人を暴行するようなことが起きる。それがユーチューブにアップされる。誰も「助けず」「止めにも入らず」で、撮影していたわけだ。

80年代のソウルの日本人会では、「親の誕生日だからと、重要な仕事を放り出して田舎に帰ってしまった韓国人社員」「親が食中毒になったからと、田舎に行ったきり何日も戻ってこない韓国人秘書」といった孝行者の存在が、しばしば話題になった。

ある合弁会社の副社長は、「ようやく田舎から戻ってきた社員に〝仕事に対する責任〟を説いたところ、〝日本人副社長は人間でない〟といったビラを撒《ま》かれた」と嘆いた。

多くの韓国人は、1988年ソウル五輪の開催により、「先進国になった」と錯覚した。それでも韓国社会の「親思い」の意識と行動は揺るがなかった。

事実上の国営通信社である聯合ニュースが伝えた韓国保健社会研究院の報告書（16年5月24日）には驚かされる。

「両親扶養の責任は家族にある」という認識は、1998年の世論調査では89・9％を占めていた。もう絶対の常識だ。ところが、2014年には31・7％まで激減した。

「社会に責任がある」は、98年には僅か2・0％だった。それが14年には51・7％に跳ね上がった。

社会の根底部分にかかわる基本意識が、10数年のうちにこれほど変わるものだろうか。

いったい、この間に何があったのだろうか。

教育投資こそ「老後の備え」

97年にはアジア通貨危機が始まり、韓国政府は同年末には国際通貨基金（IMF）に救済を求めた。

そんな経済状況だったのに、「両親扶養の責任者は家族」という意識が9割を占めていたのだ。

もっとも、通貨危機の本格的な痛みが韓国を襲うのは98年後半からだ。01年8月にIMF支援金を返済するまでの過程で、現代《ヒュンダイ》財閥が解体となり、大宇《デーウ》財閥が倒産した。起亜《キア》自動車など、たくさんの企業が倒産した。市中銀行の多くが外資に買収された。

08年にはリーマン・ショックに襲われた。いや、「襲われた」と言うのは引っかかる。なぜなら、リーマン倒産の介錯人《かいしゃくにん》は韓国だったと言えるからだ。

脇道に入るが、サブプライムローンの破綻《はたん》で危機に陥《おちい》っていたリーマンに対して、韓国産業銀行（国策銀行）は十分な資金余力もないのに、「国際的売名」を目的にするかのように買収の意向を示した。そして、国際金融市場が「韓国産業銀行」という名前に注目したところで、買収の意向を撤回した。これにより、大きく傾いていたリーマンは完全に倒れ込んだのだ。罪深い国策銀行だ。

そんな経緯を見れば、韓国がリーマン・ショックを招来したと言うほうが適切だ。結果としてウォンが大暴落し、再びＩＭＦに駆け込む寸前の事態になり、多くの中堅・中小企業が倒産した。

07年には１ドル＝９００ウォン台で推移していた為替《かわせ》は、08年暮れには１６００ウォン近くまで下がった。米国と日本などの支援で、年末には１２００ウォン台に戻して一息ついた。

ところが、ここからが韓国の小狡《こずる》いところだ。李明博《イミョンバク》政権はリーマン・ショックを奇貨《きか》として、為替操作により１ドル＝１２００ウォン台を、ほぼ5年間にわたり維持し続けたのだ。韓国は「人為的なウォン安の維持」により、「輸出景気」を享受した。

しかし、2回の経済危機を通じて、企業の姿勢は変わった。

人件費が安い国への生産拠点の移転が本格化した。高給を食《は》む中高年齢者に対する〝肩叩き〟（韓国では「名誉退職」という）が増えた。

80年代までは、大学さえ卒業すれば、同年齢の高卒勤続者の倍近い初任給を手にできた。そのうえ、勤続とともにその格差は拡大するのだから、まさに大卒者＝現代の両班《ヤンバン》（李王朝時代に権力と富を独占した貴族）だった。

大卒者と高卒以下にこれだけの格差があれば、親も子も大学を目指す。

韓国の教育熱は、70年代から「異様な」との形容詞付きで日本に伝えられていた。それでも、90年の大学進学率はまだ33・2％だった。それが97年には倍の60・1％になった。04年からは70％の大台に乗る。

「両親扶養の責任者は家族にある」というのが絶対的常識になっている社会、そして大学さえ卒業すれば「現代の両班」になれる現実。ならば、親が子息への教育投資を惜しむはずがない。子息への教育投資こそ、「老後の備え」だったのだから。

「大卒＝両班」が崩壊して

ところが21世紀に入ると、大学を卒業しても就職先がない人が増えた。そして2010年代に入ると、新規大卒者の半数は就職浪人になり、就職できた人も半数は非正規職という状況に変わった。

労働市場への新規参入希望者のなかに占める大学卒業者の割合は、飛躍的に増大したが、産業基盤は新規大卒者を吸収するほどには拡大してこなかったからだ。

大手財閥系と中堅・中小企業との給与格差は拡大し、「現代の両班」と言える大手財閥系にホワイトカラーとして就職できるのは、新規大卒者の2％ほどでしかなくなった。

しかも大学浪人に兵役、そしてプラス・アルファの資格を付けるための留学（語学遊学＝韓国語では留学も遊学も同じ発音で「ユハク」という＝がほとんどで、海外の大学・大学院に正規に入学する「留学」は少数だ）、学費稼ぎのための休学（地方の貧しい家庭の子息は、在学中に1〜2年間の休学をしてアルバイトをするケースが少なくない）、さらに就職浪人……で、大卒男子の初就職年齢は平均30歳になっている。「平均30歳」、つまり30歳をとうに超えてから「初めて就職」する大卒者も少なくないのだ。

僅かな年金しか収入がない65歳の父親のもとに、30歳を過ぎた息子がパラサイトシングルとしている……。暗鬱《あんうつ》たる思いになる。

あるいは、75歳の父親には40歳の息子がいる。彼は、大学は出たものの大手財閥系には入れず、中堅企業に就職した。「現代の両班」になれなかったのだ。彼は、朴槿恵政権になってからの不況で「いつ肩叩きに遭うか」と震えながら、自分の息子に教育投資をしている。もはや、それが「老後の備え」にならないことは分かっているが、ほぼ8割が大学に進学する社会だ。大学を出なかったら下層から這い上がれない。だから教育投資をせざるを得ない。で、詰まるところ、75歳の父親に生活費を送ることはできない。

75歳の父親は働かざるを得ない。

〝韓国型統計手法〟

幸いなことと言うべきなのかどうか、韓国には高齢者の求人がかなりある。企業としては、若者を正規に雇用すると、後々負担が大変だ。中小企業とすれば、高給(といっても、大手財閥系の初任給ほどだろうが)の中堅社員一人を〝名誉退職〟させて、定年を過ぎた高齢者3人を非正規職で雇えば、おつりがくる。

ここ数年、韓国の完全失業率(仕事を探しても仕事に就くことができない人)は3~4%で推移している。世界でも稀《まれ》な低失業率だが、もちろん〝韓国型統計手法〟による。

調査当局により「非労働力人口」、つまり職はないが積極的な求職活動をしていないとして、失業者ではないと区分される比率が高いのだ。その〝韓国型統計手法〟を駆使しても、青年層(30歳以下)の完全失業率は10%を超える。

そして、40、50歳代の雇用者数が減少しているのに、60、70歳代の雇用者数が増大している。これが「高齢者雇用率世界一」の背景だ。

では、高齢者はどんな仕事をして、どれほどの収入を得ているのだろうか。

全国統計は探せなかったが、ソウル市のシンクタンクであるソウル研究院が、ソウルに住む65歳以上の人を対象にした調査があった（朝鮮日報16年3月26日）。

1000人の抽出調査だから、もちろん推計値になるが、それによると15年の場合、ソウル市の65歳以上の人口は124万。うち、およそ37％に当たる46万人が働いている。

そのうち3分の2は自営業者で、34％が雇われている。雇われている高齢者は、「1日平均12・9時間働き、月平均122万8000ウォン稼いでいる」という。

職業別では、警備員、清掃員、宅配員、ヘルパー、家政婦、運転手など単純労働従事者が85・4％と最も多かった。働く理由としては、「生活費の工面」（62・2％）、「老後の資金の準備」（11・9％）、「ポケットマネーが必要だから」（8・5％）。要は、金に不自由しているのだ。

彼らが週休2日なのか1日なのかは分からない。残業加算なしとして大雑把《おおざっぱ》に計算すると、時給3700～4700ウォンだ。

法定最低賃金の無意味

韓国の法定最低賃金（全国一律）は15年の場合、時給5580ウォンだった。それを全く満たしていないのだ。

が、驚くことではない。法定最低賃金未達は、高齢者に限らない。飲食店でアルバイトをする青年層（30歳以下）の4割も法定最低賃金に至らない、とハンギョレ新聞（16年6月6日）が韓国労働研究院の報告書を引用して伝えている。法定最低賃金は毎年引き上げられているが、大手フランチャイズチェーンでは、青年のアルバイト料がむしろ下落しているという。もっと安くても働く高齢者が存在するからだ。

それればかりか、全国の自治体の半数は16年予算で、非正規職の人件費を法定最低賃金以下に見積もって編成している（京郷新聞16年5月12日）というのだから、韓国における「法定」とは何なのか。

いや、難しく考えることはない。韓国は「法治国家」ではないということだ。

韓国の若者は、いま「ヘル・コリア」（地獄の韓国）と叫ぶ。しかし、教育費捻出《ねんしゅつ》に苦労した揚げ句の果てに子供に見捨てられた高齢者たちこそ、もっと「ヘル・コリア」と叫びたいに違いない。

17年に発足した文在寅政権は「20年には法定最低賃金を1万ウォンに引き上げる」ことを公約に掲げている。その第1ステップとして、18年1月1日から最賃は16・4％引き上げられた。

「左翼原理主義政権」は、これにより「貧しい層が豊かになる」と考えていたようだ。しかし中小零細企業が悲鳴を上げ、従業員30人未満の企業には、国が人件費増額分を補助することにした。

すると、補助金を得るため、従業員35人の企業が6人を解雇するような例が多発している。青年層の雇用は増えず、高齢者は相変わらず「法定」最賃とは無縁の状況にいる。

韓国は儒教の国なので老人を大切にしています――大嘘にも程がある。

5 「新・楢山節」考

老人の大群が占拠

２０１３年５月、ソウルの中心部にある宗廟《チョンミョ》市民公園で、その事件は起きた。「日本が韓国を植民支配したことは良いことだった」と述べた95歳の老人が、その言葉に憤激した38歳の男に撲殺《ぼくさつ》されたのだ。

韓国問題を扱う日本のネットではかなり取り上げられたが、新聞では『夕刊フジ』（13年9月19日）が、私が執筆した記事（連載「新・悪韓論」）を載せただけだった。『夕刊フジ』では書き尽くせなかったが、実はこの一つの事件から、韓国の様々な断面を知ることができる。

宗廟公園の宗廟とは、歴代王と王妃の位牌《いはい》を祀《まつ》った霊廟《れいびょう》のことだ。この霊廟は李王朝の宗廟《そうびょう》であり、世界文化遺産に登録されている。しかし、その入り口の前に広がった公園は無料で誰でも入れる。

鍾路《チョンノ》という大通りに面している。東京に比定すると、日比谷公園ほどの中心部ではない。浜離宮ぐらいだろうか。といっても、面積は浜離宮の7分の1ほどだ。

韓国の観光宣伝サイトＫＯＮＥＳＴ（16年7月29日採録）は、こう説明している。

「朝早くから１日約２０００人以上のお年寄りが集まります。……世間話や政治談議、囲碁将棋をしたり、体操などをしながら時間を過ごすお年寄りが多く、平和な風景が見られます」

「平和な風景」とは韓国人も失笑しようが、ＫＯＮＥＳＴに載っている写真を見れば、まさに老人の大群がそこを占拠している。東京・巣鴨の地蔵通りの縁日のようだ。

貧しい老人は外で過ごす

なぜ老人が、ここに集まってくるのか。よほど良いことがあるのだろうか。

冬のソウルは、東京とは比べものにならないほど寒い。そのせいか、夏も東京より暑く感じられる。夏の暑い日、宗廟公園に来る老人たちは、どうしているのか。

朝鮮日報（韓国語サイト15年7月28日）に載った「猛暑難民になった年配者、喫茶店やハンバーガー店を転々と」と題する記事が、とても興味深い実態を伝えている。

――（宗廟公園近くの喫茶店やファストフード店は）頭が白くなった老人たちで混み合っていた。蒸し暑さを避けて喫茶店を歩き回る「猛暑難民」だ。普段は宗廟公園に〝出退勤〟しているという朴某（71）氏も、今週はずっと鍾路三街にあるファストフード店を訪れた。朴氏は「鬱陶《うっとう》しいから地下鉄（筆者注＝老人は無料）に乗って公園に来るようになって5年目、習慣になった」としながら、「公園で同じ年頃の老人たちと将棋をしていたが、この頃はとても暑くてここ（ファストフード店）に来る」と述べた。

が、これはコーヒー代ぐらいなら何とか払える老人の場合だ。記事は続く。

――老人たちは涼しい店内に待避しても、気は休まらないと語っていた。李某（73）氏は「毎度注文することはなく、そのまま座っているが、孫ほどの店員に申し訳ない気持ちだ。それで店員があまり来ない2階に座っている」と話した。

つまり、セルフサービスの喫茶店に、何も注文しないまま入り込んで座っている老人たちがいるのだ。どう記事を読んでも、「店を転々と」して過ごせるような老人は出てこない。

――キム某（73）氏は「食事代もギリギリで無料給食（筆者注＝宗教団体が提供する）を食べ

るが、1日の飲み物代に3000ウォンを使うのは負担になる。習慣になるかと思って、喫茶店には最初から行かない」と述べた。

その代わりに、キム氏は毎朝7時に家を出ると言った。彼は「公園の日陰を占めようとする競争が激しくなったので、朝早くに家を出てくる。遅れて日陰を奪われたら、地下鉄の駅で一日じゅう耐えなければならない」と話した。

この記事を書いたのは、延世《ヨンセ》大学新聞放送学科4年の「インターン記者」。つまり「見習い記者」だが、デスクが目を通して手を入れていないはずはない。

そう前提して改めて記事を読み直すと、日本人の目からは大変に不思議に思えることがある。

なぜ、老人たちがそこまでして宗廟公園に出てきたり、注文もしないまま喫茶店に居座ったりしているのか――その理由が何も書かれていないことだ。デスクの怠慢か。

いや、それは韓国人読者からすれば、もはや説明する必要もない事情なのだ。

貧しい息子夫婦と同居している貧しい老人は、家に居づらいから朝から晩まで外で過ごすようにしているという悲しい事実だ。

日本なら健康な老人がつどえる無料の「老人憩《いこい》の家」が随所にある。障害がある老人向けには、都会ではデイケアが普及している。

が、ソウルでは区役所が「老人憩の家」（韓国では「老人亭」と呼ぶ）やデイケア施設を建てようとすると、たちまち猛烈な反対運動が起きて、「計画白紙化」になるケースが極めて多い。

反対運動は様々な理由を押し立てるが、本音は「小汚い老人がうろついたら、ここら辺の不動産価格が下落してしまう」というあたりだ。

韓国の老人の多くが〝小汚い〟のは当たり前だ。前節で説明したとおり、子息への教育投資で、資産蓄積がないのに子息からの援助はほとんどなく、年金は僅かでしかないからだ。

韓国の老人の40％は、病気になっても金がないから医者に行かない。老人の貧困率は45％で、ＯＥＣＤ加盟国のトップだ。

ＣＢＳニュース（13年12月12日）によると、段ボールや古物を拾って生計の足しにしている老人は全国で１７５万人に上ると推計されるという。老人同士の段ボールの奪い合いにより殺人事件まで起きている。

〝小奇麗な姿の老人〟など、社会指標を見ればほとんど存在しえないのだ。

「手加減する心」がない人々

韓国人の資産の8割強は不動産だ。現役世代は、親の扶養をしないで手に入れた不動産（ほとんどがマンション）の価値を必死で守ろうとする。その所有不動産も、大部分は資産価値に匹敵《ひってき》する銀行ローンを抱えている。元金の返済はせず、利子だけ払って住んでいるのが普通のことだ。不動産価格の暴落は、担保価値の暴落に直結する。

そういう構造だから、韓国の政権は不動産バブルの維持に汲々《きゅうきゅう》としている。しかし、住宅の過剰供給と人口の減少で、不動産バブルの政策的維持が困難になる日が近づいているように思われる。

撲殺された老人も、家に居づらいから大混雑する公園に来たのだろう。95歳で杖を突いている。男は老人を蹴り倒してその杖を奪い、杖が折れるまで頭を殴り続けた。

朝鮮半島の古典『古今笑叢《コグムソチヨン》』を読むと、彼らは他人を平手や拳で殴らない。必ず棒で殴る。そして手加減する心がない。

それは、いわばDNAのようなものに違いない。だから満州の民は、「俺は日本人だ」と威張って容赦なく棒で殴りつける朝鮮人官吏を「高麗棒子《ガオリーバンズ》」と呼んで蔑《さげす》んだのだろう。この男も、95歳の老人に対して手加減することなく杖を振るったのだ。

老人は、27歳まで日本統治下にいた。実際の日本統治を知っている。38歳の男は朴正熙《パクチョンヒ》体制下の生まれだ。知識としての日本統治しか知らない。しかしこの男の脳内では、実際の体験談よりも「俺の知識」のほうが絶対に正しいのだ。その知識に基づく判断では、日本時代を褒めるような人間は容赦なく殴っていい――どんな反日教育を受けてきたのだろうか。

80年代に実施された世論調査では、日本統治時代を体験した世代ほど、反日の比率も度合いも低かった。逆に日本統治を知らない世代では、高学歴者ほど反日の比率も度合いも高かった。

韓国の反日は戦後の教育によって醸成されたのだ。小学生が、韓国の空軍機が東京を爆撃する様子を想像して描いた絵が地下鉄のホームに張り出されるような野蛮な教育だ。

バッカスおばあさんが登場

宗廟市民公園に限らず、ソウルの無料公園は老人が集まる場所だ。そこには、昼下がりから60歳代、70歳代の売春婦が出没する。「バッカスおばあさん」だ。50歳代なら「バッカスおばさん」と呼ばれる。日本のリポビタンDをパクッた栄養ドリンク「バッカス」を持っていて、「お爺さん、これでも飲んで元気を出して……」と誘うからだ。

ハンギョレ新聞（12年11月9日）がルポしている。サブ見出しが泣かせる。

「廃紙拾うよりはお爺さんと……」

「バッカスおばあさん」なら、俗に言う「チョンの間」が1回2万ウォン、裏路地の旅館代は5000ウォン。「バッカスおばさん」はずっと高くなるという。無料の昼飯を食べ、暑くても喫茶店に入らずに貯めた金を、月に一度、「バッカスおばあさん」に払うお爺さんもいるのだろう。〝慰安婦大国〟の日常風景……哀れなものだ。

前節で紹介したとおり、アジア通貨危機に見舞われた1998年でも、「両親の扶養義務は子供にある」との意見は89・9％と圧倒的多数を占めていた。それが14年には31・7％にまで激減した。

この急降下とは逆に、急上昇した数値がある。高齢者（65歳以上）の自殺率だ。

1990年は10万人当たり14・3人で、世界でも低い数値だった。ところが2000年には35・5人になり、05年には80・3人、10年には81・9人。さすがに公共団体もマスコミも自殺防止のキャンペーンを張り、14年には55・5人まで下落したが、それでも11年間連続してOECD加盟国のなかで断トツの1位だ。

日本の国民年金も低額だが、韓国のそれは日本の半分以下だ。それでいて物価は、「バッカスおばあさん」のように低廉《ていれん》なサービス業種もあるが、ビッグマック指数（マクドナルドの同一商品について各国ごとの売り値を比べた）は日本より2割ほど高い。

そうした状況のなかで、「高齢者の扶養義務は社会にある」（98年世論調査では2・0％、一四年調査では51・7％）として、年老いた親の面倒を子供が見なくなることは、自殺や、医者にかかれないままの病死を誘発する現代韓国の「棄老」行為に外なるまい。

高麗葬を消した楢山節考

「韓国の棄老」というと、反日に染まった韓国の知識人は「待っていました」とばかりに始める。

「棄老は日本が本家でしょ。姥捨て山があったでしょ。つい最近まで、日本はそういう残忍な民族だったことをしっかりと心に留めるべきです」などと説教を垂れてくれる。

彼らが語る根拠は、深沢七郎の小説『楢山節考《ならやまぶしこう》』だ。

私のような団塊の世代、つまり日教組の全盛時代に教育を受けて育った世代は、『楢山節考』というよりは「姥捨て山の話」を〝史実〟として習ってきた。

同年輩の友人たち、遥かに年が若い文学青年……私が聞いてみた限りにすぎないが、みんな『楢山節考』は〝史実〟あるいは「確実な伝承」に基づく小説と思い込んでいた。

しかし『楢山節考』が、そこに出てくる民謡や地唄も含めてすべてフィクションであることは、古田武彦がすでに解明している。古田の著『「姨《おば》捨《す》て伝説」はなかった』（新風書房）は、古田ファンとの対話形式で書かれている。そのため軽く扱われがちだが、民俗学がこれだけ盛んな日本で「姥捨て」伝承が一つも出てこないこと（能や謡曲は別）を鋭く指摘している。もちろん、『楢山節考』の舞台とされる長野県・姨捨山の近辺にも、そうした伝承は存在しない。

ここで『楢山節考』に関する文学論を展開するつもりはサラサラない。ただ『楢山節考』を戦後日本社会史のなかで見れば、敗戦による価値逆転に乗って、「日本人は昔から、かく悪かったのだ」とする自虐史観の作品だったと言えよう。

実は、すべてがフィクションなのに、日教組教育により「昔の日本では年老いた親を、口減らしのため山に捨てていた」という粗筋《あらすじ》の超要約だけが〝おどろおどろしい史実〟として、多くの日本人の脳裏に定着してしまっているのだ。

『楢山節考』を日韓関係史のなかに置いてみれば、半島の伝承である「高麗葬《コリヨジヤン》」を消し去る役割も果たした。高麗葬とは、まさに「棄老」の風習だ。年老いた親を穴倉型の墓のなかに閉じ込めたり、山に捨てたりするのだ。明治時代には「半島には、そうした習俗があった」として伝えられていた。

李王朝末期の朝鮮に入った英国人旅行家イザベラ・バードは『朝鮮紀行』（時岡敬子訳、講談社学術文庫）のなかで、こう書いている。

「元山《ウオンサン》から約六十里（朝鮮里、一里＝約〇・四キロ）のところに芝生の生えた小山の群があるが、これは昔の風習にまつわるもので、現代の朝鮮人はその風習を野蛮と考えており、この小山群について語ろうとしない。李王朝の前の時代、今から五〇〇年以上も昔、老齢や病気で身内の負担になった人々をこういった小山のなかにある石室に少量の食べ物と水を持たせて閉じ込め、放置して死なせる風習があった」

もしかしたら高麗葬伝承こそ、深沢七郎のフィクションの元ダネだったのではあるまいか。

韓国ではいま、高麗葬伝承は「日本人が捏造《ねつぞう》したもの」であり、そうした風習自体がなかったことになっている。日本の悪習を半島に擦《こす》り付けたというわけだ。そのための理解のセットとして登場するのが、「棄老の本家＝日本」であり、その証拠が〝史実〟としての「姥捨て山」、すなわち『楢山節考』の超要約なのだ。

明らかなことは、今日の韓国社会が、老人を〝哀れな死に方〟に向かわせるようなファクターで満ちている事実だ。韓国人が高麗葬をいかに否定しようとも、今日の韓国はまさに「新・楢山節の国」なのだ。

第2章
嘘まみれ

6　不育造物心

不満を表す「ヒムドゥロヨ」

2節でも書いたが、「ケンチャナヨ」は、日本の韓国関心派には知らない人はいないぐらい有名な語句になっている。

念のために説明しておこう。

「ケンチャナヨ」とは、「構わないよ」「そんなものでいいさ」と訳すと最適の場合が多い。論理的に詰めて考えると、曖昧《あいまい》さ・不正確さ、時には不正を許容する言葉だ。マニュアルが求めている厳正な実行を、嘲笑《ちょうしょう》・無視する言葉でもある。

「ケンチャナヨ」に比べると、日本ではほとんど知られていない韓国語に「ヒムドゥロヨ」がある。韓国の企業社会に接して滞在すれば、「ケンチャナヨ」と同じように日々何度となく聞こえてくるので、自然に覚えてしまう言葉だ。

「ヒムドゥロヨ」とは直訳すると「力が入る」だが、実際には自分が担当している作業について、「厄介だ」「面倒くさい」とする不満の表明語だ。

「ケンチャナヨ」と「ヒムドゥロヨ」こそ、隣国の産業文化、とりわけ生産現場の特質を示す言葉だ。日本との違いを際立たせてくれる言葉でもある。

１９８０年代前半のことだ。無線の音声機器（たしかトランシーバーだったと思う）を生産する日系工場で、ある時から製品の精度がガタンと落ちた。

なぜだ。カバーを外したら、調べるまでもなく分かった。ある部品が装着されていなかったのだ。

日本人技術者は「なぜだ」と青くなって、問い詰めた。韓国人の工員は明るく答えた。

「あの部品は取り付けるのが、とてもヒムドゥロヨ。しかし、あの部品を取り付けなくてもちゃんと聞こえるからケンチャナヨ」

これはまさに象徴的な事例だ。

韓国の日本料理屋で腕を振るっていた在日韓国人の板前の話を思い出す。

「こいつら（韓国人の料理人たち）は、いくら教えても手抜きすることしか考えない。必ず裏漉《うらご》ししろと教えても、俺がいないとミキサーにかけただけで裏漉しをしない。似たようなものを作って『できた、できた、ケンチャナヨ』の大喜びだ。食べてみれば、裏漉ししたものとは全然違うが、韓国人の客は『うまい、うまい』と言う」

彼の店には、私がソウル特派員だった80〜85年の間、しょっちゅう飲みに行ったが、この話を聞いたのは88年ソウル五輪の時だった。念のために述べておくが、彼はこっそり教えてくれたのではない。

日本語をある程度知る韓国人の料理人たち、仕事で駐日経験があり、日本語がとても上手い韓国人客を前に大声で話したのだ。よほど〝溜まっていた〟のだと思う。

台北とソウルに駐在したことがある元外務省職員と最近、台湾旅行をした。その時のことだ。

地下鉄のホームで、少年が脚立《きゃたつ》に乗って窓ガラスを拭いていた。指に雑巾を絡《から》めて、窓枠の隅まで拭いていた。期せずして、彼も私も同じ言葉を口にした。「ソウルとは違うなと。

およそ韓国の窓は、日本より高い料金を取るような一流ホテルですら、隅に曇りが残っている。隅を拭くのはヒムドゥロヨ。それに窓の隅の曇りまで気にする客はいないだろうから、ケンチャナヨなのだ。

日中韓を行き来している日本人ビジネスマンが言った。

「昔より悪くなったのかもしれません。目を離すと、たちまち〝韓国型作業〟になってしまう。ヒムドゥロヨの手抜きだけではなく、浮かした原材料の引き取り手がすでに決まっていたりするのですから。それでも、中国よりはまだマシかな」

勾玉の秘密

韓国語の語彙《ごい》の七割超は漢字語といわれているが、「ヒムドゥロヨ」と「ケンチャナヨ」は純粋の韓国語だ。「ヒムドゥロヨ」と「ケンチャナヨ」がやたら飛び交う〝韓国型作業〟は、長い歴史的蓄積の結果だ。

勾玉《まがたま》は日本の県立博物館に行けば、簡単に見られる。せいぜい五センチほどで艶《あで》やかさもないから、熱心に見る人は多くない。しかしこの勾玉こそ、列島の物づくりにかける精神を示す象徴であり、半島にはそうした精神が古代から欠けていたのではないか、と私は考えている。

勾玉の材料は硬質のヒスイ、メノウ、水晶などだ。このうち、硬質ヒスイはモース硬度

6・5~7・0。現代の技術で工具用に仕上げた鉄よりも硬い。古代の日本人は、どうやって原石をC字あるいはJ字型に研磨《けんま》して、その曲がった部分の中心に小さな穴をあけたのだろうか。

石英《せきえい》（モース硬度7・0）を粉にして擦《こす》り付けて研磨した、と想像されている。硬質ヒスイの産地は世界でも限られている。新潟県糸魚川《いといがわ》流域がその一つで、周辺には石英もあるからだ。

勾玉一つをつくるのに、年単位の歳月が必要だったはずだ。

そうしてつくられた品だから高い価値が認められ、三種の神器《じんぎ》の一つにもなったのだろう。

この作業は、野良仕事の片手間ではできない。勾玉づくりをしていれば衣食住が保障されるシステムがあった。おそらくは土豪が専門家を招き、衣食住を提供して勾玉をつくらせたのだろう。

半島からも勾玉が出土する。韓国の考古学者は長らく、「半島の原石から韓族がつくった」と主張してきたが、ある時になって成分の組成分析をしたところ、糸魚川産の原石と分かった。出土地域は半島南部に限られ、数も少ない。

半島に伝わる最古の歴史書である『三国史記』にも、同書が採り上げなかった事象を採録した『三国遺事』にも、勾玉をつくっていたとの記事はない。あるのは、列島から渡ってきて新羅《しらぎ》4代目の王に就く脱解《タレ》が倭国《わこく》を出る時、櫃《ひつ》に宝物を入れたこと。そして半島に上陸した脱解が武力を用いることもなく、新羅の人民に「徳のある人物」として崇《あが》められ、2代目王の婿になって4代目の王位に就くことだ。

勾玉が新羅の貴族にばら撒《ま》かれたのだろう。

古代から日本に「たかり」

『日本書紀』には、日本の朝廷が任那《みまな》の使節に赤帛《あかぎぬ》を贈ったところ、新羅がそれを奪ったことが任那と新羅の長い対立の原因になった、とある。

私は高校の時、日本史の教師からこんなふうに習った。

「絹織物は中国から朝鮮半島を経て日本に伝わった。朝鮮のほうが先進国なのに、日本の朝廷は朝鮮から来た使節に絹織物を贈ったと『日本書紀』は書いている。『書紀』の記述がデタラメである証拠だ」と。

しかし、古代の機織《はたお》りは、その力の入れ方により出来栄えが全然違った。「ヒムドゥロヨ」と「ケンチャナヨ」を掛け声にして機織りしても、ロクな物は仕上がらない。片や列島には、天照大神《あまてらすおおみかみ》からして機織りをしていたとの神話がある。

しかも、朝鮮半島は李王朝時代になっても、洗っても色落ちしない顔料がなかった。それで半島の民は白い服を着ていた。赤帛─真っ赤に染められた見事な絹織物は、半島にはなかった。新羅は戦争になってもいいから欲しかったのだろう。

『隋書《ずいしょ》』には「新羅百済皆以倭為大国、多珎物、並敬仰之、恒通使往来」(新羅も百済《くだら》も倭国を大国とする。優れた品々が多いからで、ともに倭国を敬仰《けいぎょう》し、常に使いを通わせている)とある。

隋が滅んだのは618年。『隋書』の本紀《ほんぎ》と列伝ができたのは636年。当時としては同時代書だ。しかも、編纂《へんさん》に携《たずさ》わった史官のほとんどは隋王朝でも役人だった。

そうした彼らが、上記の一文に「倭人云」「百済云」などを付けず、地の文章にしていることに注目すべきだ。「多珎物」(優れた品々が多い)とは、新羅・百済がというよりも、唐《とう》の史官たち自身の確実な認識だったのだ。倭国の優れた品々を手に入れるため、新羅も百済も交易ではなく使節を送っていた。たかっていたということだ。

揚水水車をつくれない

それでも、統一新羅時代の前中盤や高麗《こうらい》時代の前半には、摩崖仏《まがいぶつ》や石塔など、それなりの仏教文化はあった。ところが、李王朝は儒教を統治のイデオロギーにする一方で廃仏政策を推進し、厳格な身分制度を定めた。

儒教を統治のイデオロギーにするとは、儒教は崇高なる価値だから、儒教を知る者（漢字を読める昔からの貴族階層）は絶対に偉い人であり、上に君臨するのは当然だ——とする統治正当化の言い分にすぎない。

両班《ヤンバン》（貴族）は、勝手気ままに収奪をしても罰せられることもなかった。儒教が説く「仁」や「徳」とは、およそ無縁の時代が600年も続いたのだ。

室町時代の1428年に日本を視察した、初代の朝鮮通信使である朴瑞生《パクソセン》の世宗《セジョン》王に対する報告が面白い（原文は『朝鮮王朝実録』）。

①日本には銭湯というものがたくさんあり、人々は清潔だ。

②わが国の市場は土の上に肉も魚も並べている（筆者注＝王は市場のことなど知らないから説明したのだろう）が、日本の市場には屋根のある商店があり、棚の上に商品を置いている。

③日本の川には橋が架かっている。
④日本では貨幣が流通しており、大変に便利だ。

李王朝の世がどんなだったか、よく分かる。

朴瑞生が日本で最も驚いたのは、揚水水車《ようすいすいしゃ》だった。随員につくり方を学ばせ、王に揚水水車を各地に設けて灌漑《かんがい》に利用するよう進言する。

進言は容《い》れられた。しかし、どうしても揚水水車をつくれない。次の王の時代も努力するがつくれない。その次の王の時代もできなかった。

揚水水車は掬《すく》い取った水が逃げないよう、木と木が隙間なく接合されていなければならない。寸法どおりに木材を切ることもできなかったのだろう。

朴瑞生の報告から335年後、第11次通信使に書記として随行した金仁謙《キムインギョム》は淀川《よどがわ》の水車を見て感服し、「見習ってつくりたい」と書いている（『日東壮遊歌』＝訳本が東洋文庫にある）。

まだ、できていなかったのだ。日本には揚水水車があり、李王朝でもそれをつくろうと努力した歴史事実を、随行書記になるような人物が知らなかったことも驚きだ。日本の江戸時代は、長崎で習った医術が1カ月後には江戸の医者に届くような情報化社会だった。

李王朝はまったく逆の没情報社会だった。

両班は収奪者集団

李王朝は、両班―中人《チユンイン》―常民《サンミン》―奴婢《ノビ》―白丁《ペクチヨン》という身分社会だった。

日本の江戸時代について、団塊の世代は「搾取階級の武士」「武士は切り捨て御免」「代官はみんな悪人」と習ってきたが、これは日教組の大嘘教育だ。江戸時代は士農工商の区分はあったが、農民や町人が士族になることもあった。士族が横暴を働けば、容赦なく罰せられた。

これに対して李王朝の身分制度は固定的であり、両班は何をしても罰せられない、まさに収奪者集団だった。商店はなく、市場で物々交換する社会だった。自給自足が原則であり、日用品の生産は両班家に〝飼われている〟奴婢や、被差別地域に住む白丁の仕事だった。

〝飼われている〟と書いたが、まさに飼われていたのだ。売買の対象であり、どんなに働いても給料があるわけでもなかったのだから。

現代日本の産業文化の基礎は、江戸時代にできた。士族の忠義、番頭から丁稚《でっち》までの

「お店《たな》のため」思想。そうした価値体系は、日本的愛社精神や「企業一家」の思想に結びついている。

「最近の若者は……」という人は多いが、私が見るところ、そう批判される若者でさえ、韓国に比べたら明確な愛社精神を持ち、自覚があるかどうかはともかく「企業一家」の感覚に染まっている。

「石の上にも3年」「愚直に」「手を抜かずに」といった職人気質は、まさに日本の生産現場に生きている。

1年で半数が転社

最近の日本は転社率が高まっているが、韓国の生産現場は1年で半数が変わってしまう。日本人の転社先は同業種あるいは同職種がほとんどだが、韓国はそうではない。

両班は一切の労働をしなかった。収奪行為も下人にさせた。両班の日常は、建前としては読書の日々であり、実態としては両班同士で酒を飲み、わずかしかない官職ポストを得るために猟官《りょうかん》活動を展開することだった。

大韓帝国時代まで続いた身分制度は、日本の内政干渉により廃止された。しかし日本統治が終わると、不文律のように復活した。財閥のオーナー一族と幹部社員、議員、高級公務員、将軍、検事、医者……そんな人々が今日の両班だ。大手財閥のブルーカラー、一般企業の管理職、商店主なら常民。一般企業のブルーカラー、販売・サービス職は奴婢。そのなかでも法定最低賃金も得られず、1坪に仕切られた部屋で暮らす人々は、差し詰め今日の白丁だ。

「偉い人は体を動かす仕事をしない」「汗水流し、油にまみれて働くのは身分が低い連中だ」——李王朝伝来の勤労に関する価値観が、まさに今日の韓国社会に引き継がれ、事実上の身分を形成している。

この価値観に支配される世界では、物づくりに携わっている人間は自分の仕事に誇りを持ち得ないし、その分野で一人前になろうとも考えない。製品の品質を上げるためのノウハウが職場に蓄積されることもない。彼らが仕事中に発する言葉は、「ヒムドゥロヨ」と「ケンチャナヨ」ばかりになる。

7　国を憂える誠なし

「昭和維新の歌」を知れ

権門上《けんもんかみ》に傲《おご》れども
国を憂うる誠なし
財閥富を誇れども
社稷《しゃしょく》を思う心なし

若者は知らないだろうが、これは「昭和維新の歌」の2番の歌詞だ。

韓国で軍事クーデターを成功させた朴正熙《パクチョンヒ》は、李承晩《イスンマン》のあとを受けた尹潽善《ユンボソン》大統領・張勉《チャンミヨン》首相の下の韓国に、上記の歌詞のような怒りを抱いていたのだと思う。朴正熙が後年、愛用した字句「維新」は、「明治維新」ではなく「昭和維新」の意味のほうだったと推察する。

大正末期から昭和初期にかけて、日本には、その方向性が正しかったかどうかはさておき、疲弊した農村と、富を増す汚れた財閥に二極化した国を立て直すために命を投げ出して闘おうという若い軍人がたくさんいた。5・15事件、そして2・26事件への流れだ。

韓流を騙《かた》った「対日工作サイト」を見ていると、「今日の韓国は日本よりも豊かだ」「韓国人は高学歴で愛国心が強い」と思えてくる。そう信じている日本人は依然として少なくないようだ。

しかし、韓国政府の公式統計によれば、賃金労働者の半数は月収20万円に至らない。それなのに、財閥系大企業に就職した大卒男子は初任給からして40万円を超える。財閥系大企業に採用される重要なファクターは、「親の財力・社会的地位」だ。公務員も、正規試験とは別に特別採用枠がある。

金持ちの子息は公務員上級職か、大財閥に正社員として入る。貧しい家の子女は、非正規職であっても就職できれば御《おん》の字《じ》。世襲的身分制度が事実上あると言われるわけだ。

「朴槿恵大統領のご親友」の娘はSNSに「親も金も実力のうちだ」と、韓国社会の実態を正直に書いた。それで凄《すさ》まじいバッシングに遭った。

そういえば、セウォル号沈没事件の直後、現代《ヒュンダイ》重工業グループの鄭夢準《チョンモンジュン》オーナーの息子は荒れ狂う遺族を見て、フェイスブックに「韓国は未開だ」と書いて猛烈バッシングを受けた。韓国語の「未開」とは、「民度が低く、文明が発達していない状態」（ネーバー辞典）をいう。

正直にものを語ってはいけないのだ。

軍部は汚職の巣窟

大手財閥の総帥一族は、捕捉《ほそく》可能なだけで何十億円かの年収がある。そして、脱税や背任の罪を犯しては恩赦を受けている。

高級公務員は、月給の何倍もの実収入があるのは当たり前だ。裁量自在な許認可権限を握っているのだから。

少なくとも朴槿惠政権下までの韓国の状況は、まさに「権門上に傲れども」「財閥富を誇れども」「国を憂うる誠なし」だ。

クーデターで実権を掌握した朴正熙は日本からの資金を確保し、米国からベトナム派兵の見返り資金を取り、海外建設労役による中東のオイルマネーを得て、俗にいう「漢江《ハンガン》の奇跡」を成し遂げた。

初春になると、農村で餓死者が出るような極貧はなくなった（欠食児童はいまでもいるが）。しかし、腐敗の渦は拡大した。その渦が次から次へと新たな腐敗を現出させる。朴正熙のクーデターは、汚職に染まった軍上層部も粛正の対象にした。しかし、韓国軍部の汚職体質はすぐに息を吹き返し、いまや中国と同様、腐敗の巣窟《そうくつ》の色をますます濃くしている。

ソウル防衛用の対空砲の砲身が、偽造検査証を黙認した（もちろん、軍人が賄賂《わいろ》を取ったのだろう）ことによる欠陥品だったことなど、この国の軍需汚職は大胆極まる。

都市部に設置された対空砲は、戦争にならなければ発射されることはない。撃ったら砲弾は街に落ちるから、実射演習はない。だから、欠陥のある砲身が取り付けられていても分からない。

なんと目の付け所がいい汚職なのか。北朝鮮と対峙《たいじ》を続ける国では、愛国心の「あ」の字もない汚職が次から次へ明るみに出てくる。

腐敗しきった軍部に、もはや「国を憂うる誠」を持って立ち上がる勢力が存在することなど考えられない。1連隊いれば充分と思うのだが……。

李舜臣《イスンシン》の『乱中日記』（東洋文庫）を読めば、彼は豊臣軍が迫るなかで、何人もの副将クラスを「兵糧《ひょうろう》の横領」の罪科で処刑している。処刑された副将たちにとっては、差し迫った「お国の危機への対処」（兵糧の備蓄）など何のその、「個人の利益」（兵糧の横領）のほうが大切だったのだ。

この前、処刑したかと思うと、また処刑。横領の手口がほとんど同じとあっては、水軍の一艦隊の副将にまでなった両班《ヤンバン》（貴族階層）の「学習能力」のなさにも呆れてしまう。その点、今日の両班も似ているが……。

滅公奉私が当たり前

私はかねて、韓国人のこうした欲ボケ行動の背後にある価値観を〈滅公奉私〉と呼んできた。

日本人は「滅私奉公《めっしほうこう》」を〝よし〟とする価値体系のなかで生まれ育ってきた。日本人はいつしか、「公」の概念を拡大させた。江戸時代の商人の「お店《たな》のため」を優先させる行動基準は、実は「私」の存在である店を「公」の領域に入れたとも言えるし、「公」の領域を拡大させたとも言えよう。

この行動基準は、（最近は死語になったが）「企業戦士」や「会社人間」に見事に引き継がれている。

すぐに「最近の日本の若者は……」と冷笑を浴びそうだが、私が見るところ、「会社の仕事よりプライベートの生活を優先する」と宣言しているような若者でも、いざとなれば滅私奉公になり、「自分の職務」を果たそうとする。「自分の職務」という抽象概念もまた、日本では「公」の領域に入っていると思う。

翻《ひるがえ》って韓国を見ると、日本では当たり前の滅私奉公の意識がとても薄い。彼らにとって、自分が勤めている企業とは、あくまでも「私」だ。実際のところ、韓国の企業とはオーナー（韓国ではオーナー経営でない企業は稀な存在だ）一族の思いのまま動く金儲けのための私的装置であり、企業に尽くすより、オーナー一族にゴマを揺《す》ることが出世に繋がる。

自分が勤める企業を「公」と見立てて滅私奉公に励む国とは、職場の雰囲気が全然違ってくる。

しかし企業のなかで出世したところで、オーナー一族の気分次第で、いつ馘首《かくしゅ》されるか分かったものではない。

ソウル市のアンケート調査によると、19歳以上の就業者のうち61・4％が「いまの職を失うか、または変えなければならないという不安を感じる」と答えている（聯合ニュース

12年3月18日)。この調査が実施されたのは10~11年。李明博《イミョンバク》政権の為替《かわせ》操作によるウォン安で、景気絶好調の時代だった。

そのあとを受けた朴槿恵《パククネ》政権は、米国の強い警告を受け、もはや大胆な為替操作をできなくなった。韓国は輸出依存率がとても高い国であり、ウォンレートの正常化はたちまち景気の悪化に結びついた。

そして中国だ。韓国にとって、対中貿易は濡れ手で粟《あわ》の商売だった。ところが、中国は次々に輸入品の国産化に成功した。そして、造船、スマホ関連、自動車などの分野で韓国に追いついてきた。一時は、対中貿易黒字額が韓国全体の貿易黒字額を上回っていたのに、13年以降はそれが見る間に縮んできた。

さらに鉄鋼製品が米国、EU、最近ではタイなど、あちこちでダンピング判定され、懲罰課税を受けている。そこへサムスンの新型スマホが火を噴き、「大統領のご親友」の利権疑惑が大政争に結びついた。

16年10月の製造業稼働率は70・3%で、アジア通貨危機以来の水準まで落ちた。

企業情報専門会社の集計では、16年1~9月までに、10大財閥の雇用者数は1万4000人超減少した。ほぼ1%の減員だ(朝鮮日報16年11月17日)。

市場調査専門会社が16年になって実施した調査によると、19～59歳の回答者のうち76・7％が「日常的に不安を感じている」、64・3％が「雇用と就職に対する不安を感じている」と回答している（世界日報・韓国語サイト16年7月10日）。

韓国各地で16年暮れから17年春にかけて行われた「朴槿恵退陣」を要求する大規模ロウソクデモの背後に、こうした不安が作用していたことも明らかだろう。

「悪いことはすべて、朴槿恵と崔順実《チェスンシル》のせい」だから、朴槿恵政権さえ瓦解《がかい》すれば安心できる世の中になる……まさか。

法治国家でない証

「朴槿恵退陣」要求は、「ご親友」のタブレットパソコンに、公表前の大統領演説文や政策資料が残っていたことで一気に拡大した。

これに対して大統領は謝罪し（16年10月25日）、野党の「大統領は新しい首相に全権を任せ、国政の第一線から退け」との要求を受け入れる形で、次期首相候補として、盧武鉉《ノムヒョン》左翼政権で副首相を務めた大学教授を指名した（同11月2日）。

ところが野党は、「非難を一身に受けている大統領による指名は認められない」と拒否した。憲法で首相の任命権は大統領にあると定められているのに、誰が指名するのか。

大統領は国会議長を訪ね、「国会が推薦する人物を首相に任命する」と提案した（同11月8日）。

すごい譲歩のようだが、実は「国会が一致して推薦できるような人物はいない」との読みがある。

韓国は国会からして特異だ。議員の6割が賛成しない議案は本会議に上程しない、との条項が国会法にある。与党の議席数は4割を超えている。野党第一党もほぼ同じだ。与党が提案しようが、野党が合同して提案しようが、にっちもさっちも行かない。

それが分かっているから、議長はこの提案も即日拒否した。ならば、当初の野党要求はいったい何だったのか。「未開の政界」だ。

世論に押される形で、与党の反主流派が「弾劾《だんがい》やむなし」に傾くと、大統領はまた提案した。「任期短縮問題を含めた進退問題を国会の決定に任せる」と（同11月29日）。

この提案にも、「国会が決定できるわけがない」との読みがある。

大統領任期は憲法で5年と規定されている。それを短縮するとなると、憲法違反の特別立法でもつくるのか。実際に、そんな意見が出た。

急いで憲法を改正しようとの意見もあった。ところが現行憲法には、大統領任期に関する改正は、その時の大統領には適用しないとの規定がある。

大統領は自らの潔白を主張しつつ、しおらしく「任期短縮問題を含め……」と述べたが、途轍《とてつ》もない〝クセ球〟を国会に投げ込んだのだ。

大統領が粘るのは、時間稼ぎだ。デモが暴力化して世論の方向が変わることも考えられる。騒然とした状況が続くなかでの早期大統領選挙は「左翼政権誕生」に直結する。しかし、時間をかければ「少しはマシな候補」（潘基文《パンギムン》・国連事務総長が想定されていた）が準備を整え、勝利する可能性も出てくる。

野党は「弾劾しかない」と、ようやく態勢を整えた。

国会での弾劾決議は、与党から大量造反票が出て可決された。しかし確定するには、憲法裁判所の9人の裁判官のうち6人の賛成が必要だ。

弾劾は成立するのか。憲法裁判所のスポークスマンが、審理が始まる前に「（法理より）世論を重視する」と述べたのだから、これは法治国家でない証。もう魔女狩りだ。

仮に、憲法裁で通らなかったら、それでもいい。「憲法裁の不当さ」を訴えて、これまた大規模デモの続行だ。

野党の本音は、大規模デモにより大統領を下野《げや》させ、政権を取ることだ。彼らは、それが民主主義だと信じている。デモンストレーションとデモクラシーの区別ができていないのだから、「本当に未開の政界」だ。デモ続行でも下野しなければ、それでもいい。「大規模デモ＝左翼の大統領選挙運動」なのだから。

大統領陣営にも野党サイドにも、「恥」の意識がない。国難に際しても滅私奉公の行動は出てこない。政局が煮詰まるほどに、「国がどうなろうと、自分たちが権力（イコール利権でもある）を握るためには」という〈滅公奉私〉が際立つのだ。並行する経済危機への対応など、彼らの頭にはないのだろう。

小学校5年生の作文に

こうしたなか、カトリック系のサイトに、左翼系神父の組織「正義具現司祭団」が主催した時局ミサの紹介文が載った。そこで小学校5年生が読み上げた作文が、その紹介文の目玉だ。

小学生は、こう読み上げたとある。

「私がこの場に立った理由は、朴槿恵と崔順実など何の考えもない人間たちのために国が滅びていく様子を見たくないからです」

「一つのロウソクの光は弱いが、たくさんのロウソクの光が集まれば大統領府も燃やす大火事になります。私たちはみんな一緒に大統領府も燃やす大火事にして、朴槿恵を刑務所に追い込みましょう」

ローマ法王が14年5月、韓国訪問を前にして「韓国人は霊的に生まれ変わる必要がある」と述べたことが思い出される。

「昭和維新の歌」の3番を紹介しよう。

ああ人栄え、国亡ぶ

盲《めしい》たる民、世に踊る

治乱興亡夢に似て

世は一局の碁なりけり

朴正熙は軍事クーデターに成功した。近代的工業化にも成功した。しかし、韓国人のメンタリティを変える「維新」には完全に失敗したのだ。

8　傷だらけの国璽《こくじ》

憲法の原本も所在不明

印鑑、つまり「ハンコ」を押す文化は、古代中国から東アジアに広まった。さまざまな印鑑のなかで最も権威あるのは、国家の公文書に押される「国璽《こくじ》」だ。戦後に発足した国である韓国では、いま5代目の国璽を使っている。ハンコも長い間には擦《す》り減り、持ち手も壊れる。だから5代目なのかと思うのは、至極常識的な発想だ。

しかし、日本の国璽は1874年（明治7年）に制作された金印だ。それが今日も使われていることを知ると、「何っ!?」となる。

物持ちの良い国と、そうでない国との違いだけではない。韓国の国璽の歴史は嘘と汚職に塗《まみ》れている。

韓国には、国家記録院という政府機関がある。そのホームページ（17年1月6日採録）で、院長はこう述べている。

――国家記録院は記録を管理する中核となる機関で、未来の大切な遺産となる記録を後裔《こうえい》に漏《も》れなく伝えるため、記録管理の政策を総括し、国家の主な記録を収集・保存・管理しています。

――「記録文化の国」としてのノウハウや技術を国際社会と共有するために、弛《たゆ》まぬ努力を重ねています。

韓国の「偉い人」には、きれいごとを気恥ずかしさもなく語れる能力が身についているのだと思う。

1948年の韓国成立直後から1962年末まで使用した初代の国璽が行方不明なのだ。

そればかりではない。「監査院が行った公共記録物に対する初の監査によって、1948年の制憲国会が制定した制憲憲法の原本、初代国璽や初代から3代までの国璽の鋳型《いがた》などの重要な国家記録物が紛失していることが分かった」（東亜日報05年11月10日）というのだから、そのザル管理は半端でない。

国家記録院は、初代国璽の資料写真を保存している。それを見ると、国璽の印鈕《いんちゅう》（持ち手）はムク犬の形が鋳造《ちゅうぞう》されている。それを手懸りに現物の所在を探す過程で、国璽制作に関与した篆刻《てんこく》職人の家から図が見つかった。その図では、印鈕が龍になっている。龍は古来、皇帝の象徴とされてきた。

それで早速、「国璽の印鈕がムク犬ということはあり得ない」との論が出た。つまり、国家記録院が保存している資料写真に写っているのは、本物の初代国璽ではないというわけだ。

当時の院長は、「本物の国璽はそのまま保管し、別の国璽を作って使用した可能性」などと述べている。そうだとしても、「本物の国璽」も「別の国璽」も、どこに行ったのか分からないのだ。それなのに院長は、「考証を通して再制作する計画」を語った。

が、この計画も頓挫《とんざ》した。有力な研究者が「資料写真にあるのはムク犬ではなく、想像の霊物だ」との見方を打ち出したためだ。「本物の国璽」の印鈕が、龍だったのか霊物だったのか、ますます分からなくなってしまった。

結局、国家記録院は05年11月、初代国璽の所在を知らせた人、あるいは初代国璽に触れたことがあり、形状を記憶している人には賞金を出すと発表した。が、有力情報は今日に至るまで得られていないようだ。初代国璽は銀製だった。きっと、誰かに潰されて、飲み代として消えているのだろう。

皇帝型大統領が治める国

なぜ、２代目国璽が制作されたのかの事情も定かでない。初代国璽は「大韓民國之璽」と篆書体《てんしょたい》で刻んでいた。２代目国璽はハングルで「大韓民国」とだけ彫っている。あるいは、漢字追放運動の影響だったのかもしれない。２代目国璽は１９６３年の元日から99年1月末まで使われた。これが韓国の国璽史で最長の記録だ。これは国家記録院に保存されている。良かったね。

２代目国璽が廃されたのは、印鈕が亀だったからだ。古代中国で、亀の印鈕は皇帝が用いるものではなく、諸侯に下賜《かし》されていた。したがって、大韓民国の国璽としてはふさわしくないとの論が巻き起こったためだった。

理屈は分かるが、韓国は皇帝が統治する国家なのか。いや、そうだった。歴代「皇帝型大統領」が治めている国だった。

こうして99年2月1日から3代目の国璽になった。「一国の国璽が銀製ではみすぼらしい」として、3代目からは金印になった。印鈕は、想像上の霊鳥である鳳凰《ほうおう》だった。

しかし、この国璽も10年とは保《も》たなかった。監査の一環として、原子力研究所で精密検査をしたところ、ヒビが入っていることが分かった。鋳造した金印にヒビが入ることがあるのだろうか。ともかく、ヒビが直接的な理由だが、それだけではなかった。

中央日報（05年9月22日）が伝えている。

「（印鈕の）2羽の鳳凰が、自主的な独立国家のイメージに相応《ふさわ》しくない、との見方も出ている。皇帝の紋章が龍で、諸侯王の象徴が鳳凰だから、大統領を諸侯に格下げさせることになる、とのこと」と。

亀から鳳凰に変えたのは何だったのか。ところで、金印になぜヒビが入ったのか。

前掲の中央日報は、「原子力研究所は、国璽にヒビが入った理由に、鋳物など製造方法に問題があるもの、と指摘した」と伝えている。

この国璽を制作したのは、国立大学である韓国科学技術院（ＫＡＩＳＴ）から分離された公営企業の韓国科学技術研究院（ＫＩＳＴ）だった。「最先端技術による制作」と喧伝《けんでん》されたのだったが……。それでも、このヒビ入り国璽は、新しい国璽ができる08年2月まで使われた。

すべてが嘘だった4代目

4代目の国璽は、国が「国璽制作諮問《しもん》委員会」を構成して公募手続きをとった。選ばれたのは、600年続く伝統的な国璽制作の技術継承者である閔弘圭《ミンホンギュ》氏だった。KISTの「最先端技術」とは、まったくの逆だ。

伝統的技術とは、5種類の金属（金、銀、銅、亜鉛、錫《すず》）の合金と、在来式の窯《かま》を使う。鋳型は5種類の土を混ぜた「五合土」による泥型。「五」に拘《こだわ》るのは、陰陽五行説との関連──という説明だった。

完成すると、当時の行政自治相は「最高水準の国璽を制作するに至りました。制作過程を永久に撮影記録として残して、もう一つの重要な文化遺産として保存していくでしょう」と語った。行政自治省は、あの国家記録院を傘下に置いている。

08年2月からは、4代目国璽の時代になった。

それから2年半後の10年8月、SBS放送が特ダネを報じた。

まず、原子力研究所が国璽の成分を分析した結果、「4代目の国璽には錫が含まれておらず、4種の金属の合金」だった、と。

そして、閔弘圭氏の指導の下で制作に携《たずさ》わった職人が「土で型が作られたというのも、在来式の窯で国璽を焼いたというのも、すべて事実ではない」と明らかにした、と。

職人の暴露はさらに続いた。残った金200匁《もんめ》あまり（1匁＝3・75グラム）を着服して、その一部で「金の印鑑を作って政・官界の人々に渡した」と。

「国璽を制作した伝統技術者」とは、すごい声価だ。個人・法人向けの金印を高額で販売した。

09年には、ソウルのロッテデパートに「白金とダイヤモンドで作った国璽」という触れ込みで、40億ウォンの価格を付けた印鑑を展示した。

さすが買い手がつかないまま、行政安全省（行政自治省から改名）から詐欺容疑の告発を受けた警察が、工房に置いてあった「40億ウォンの印鑑」を押収した。調べてみると、「真《しん》鍮《ちゅう》とニッケル、人工ダイヤモンドを使って作られたもので、原価200万ウォン程度に過ぎなかった」（聯合ニュース韓国語サイト10年9月2日）という。

それに先立ち、ソウルの警察庁に出頭してきた閔弘圭氏は、取材陣の前で「伝統技法はしっかりと保存されている。第4代国璽も山清《サンチョン》郡の大王窯で作った」と主張した。

なぜ韓国人は、すぐにバレる嘘を平気でつくのだろうか。

取り調べを始めてから10時間。工房から伝統技法で制作した痕跡を全く発見できなかった点を追及されると、閔弘圭氏は「国民に謝る用意がある」と述べ、嘘を認めた。シリコンで型を作り、電気炉を使っていたのだ。

金印をもらった人物も特定された。一人は盧武鉉《ノムヒョン》政権下の実力者だった鄭東泳《チョンドンヨン》議員。彼は印鑑を受け取ったことは認めたが、「材質が金だということはまったく知らなかった」と述べた。

もう一人は、行政自治省の第一次官だった崔良植《チェヤンシク》氏（名前が出た当時は慶州《キョンジュ》市長）。彼は、「国璽が制作されたあとに印鑑を受け取った。だが、50万ウォンほど謝礼を渡している」と述べた。50万ウォンとは、当時のレートで3万6000円ほどだ。続報は見つからない。きっと、2人とも〝お咎《とが》めなし〟だったのだろう。

お笑いというべきは、〝幻の伝統窯〟の所在地である慶南道《キョンナムド》山清郡だ。郡の予算、数十億ウォンを投入して「国璽文化院」の建設の真っ最中だった。記念の建造物、そして嫌がらせのための銅像——韓国人は、そうしたものが大好きなのだ。

聯合ニュース（10年9月2日）は、「国家の象徴として使われる国璽が、希代の詐欺師によって勝手に制作された」「偽りと醜聞《しゅうぶん》で汚れた国家の象徴を何もなかったかのようにそのまま使うことはできない」とする地方紙向け社説用資料を配信した。

急遽、3代目の国璽が、ヒビ割れをレーザー光線で修復して再登板になった。同時に、5代目の国璽制作の準備が進められた。

韓国型公募という罠

5代目は、印鈕のデザインも、印文のデザインも公募。本体の制作者選定は入札で。これなら問題も起こるまいと思われた。

が、「やはり韓国では……」だった。

印鈕のデザインは、韓国の国花である木槿《むくげ》と鳳凰を並べたものが選ばれた。あれ、鳳凰の印鈕は「大統領を諸侯に格下げさせることになる」のではなかったのかね。

そもそも、公募規定は「鳳凰または木槿、太極旗、愛国歌など国家の象徴を活用した模様のうちの一つを選択して作る」となっていたのに、当選作は二つを選択している。これは公募規定違反ではないのか。

監督官庁である行政安全省の釈明がすごい。

「創作自律性次元で鳳凰を主な柄として使用して木槿の花の模様を少し混ぜたことは、常識的に理解できる次元」と。

５代目国璽の写真を見ると、２羽の鳳凰の間に木槿の花がある。どちらが主役か分からない。

印文《いんもん》の審査には、篆刻学会に審査委員の推薦枠が割り当てられた。５人の審査委員のうち２人が篆刻学会の会員だった。そして選ばれたのは、篆刻学会会長が出展した作品だった。これは問題ではないのか。

行政安全省の釈明がこれまたすごい。

「大韓民国の国民は誰でも応募する権利がある」から〝問題ない〟というのだ。

そして、本体の制作はＫＩＳＴが落札した。３代目のヒビ割れ国璽を作った公営企業だ。これには、入札に参加した民間業者が異議を申し立てた。

「落札者選定後に、国璽制作技術がないＫＩＳＴのために関連法を改正したことは、政府と公共機関の密室協約で行われた不公正な行動だ」と。

立ち上がりの段階から喧々囂々《けんけんごうごう》だったが、11年10月には何とか完成し、一般公開された。

国営ＫＢＳ放送（11年10月６日）は、「取っ手（印鈕）と印文を分離せずに鋳造したほか、長い間使うことでの亀裂を防ぐため、希少金属のイリジウムを使って強度を増しています」と報じた。

イリジウムは、レアメタルのなかでもレアな存在だ。これを18金に0・01％混ぜることで強度が驚くほど高まり、100年は使える——といった話が出回った。

イリジウムと白金の合金は耐熱性に優れていることが知られているが、国璽に耐熱性は必要なかろう。そもそも、5代目国璽に白金は使われていない。

なんだかおかしいと思っていたら、12年5月11日、「アジアトゥデイ」というマイナーメディアが特ダネを報道した。

「アジアトゥデイが入手した国璽監理報告書によれば、韓国化学融合試験研究院の国璽成分の分析の結果、第5代国璽にはイリジウムが含まれず、金、銀、銅、亜鉛の合金だった」と。

KISTは「少量だが使った」と報道を否定している。真相は闇のなかだが、5代目国璽がもはや傷だらけのイメージを放っていることは明らかだ。

いつ、どんな理由で、6代目国璽の話が持ち上がるのだろうか。

思いついた。

いま韓国では、左翼勢力により「朴槿惠《パククネ》・崔順実《チエスンシル》」の魔女狩りが進められている。5代目国璽の印鈕の真ん中に位置するのは木槿だ。木槿の「槿」の字は、朴槿恵の「槿」の字だ。だから5代目国璽は廃さなくてはならない——というのは、いかがだろうか。

その時々に取って付けたような理由を掲げては、あっちに行き、こっちに行く韓国の国璽は、まさにこの国と国民の象徴のように思える。

日本の国璽はイリジウムを入れたわけでもないのに、1874年から使われ続けている。

日本人と韓国人は似ていると言う人がいるが、「とんでもない誤解」だ。国璽だけで、それが分かる。

9 嘘の塊・南大門

ホームレスのねぐらだった

「あれ、同じことを書いているのでは」と言われないか心配になるが、前節は「国璽《こくじ》」、これは「国宝第1号・南大門《ナムデムン》」。放火で焼失した南大門を、伝統技術を結集して〝復元〟したのだが、落成から1カ月もしないうちに丹青《たんせい》（神社仏閣などに用いる伝統的な塗装）が剥がれ落ち、6カ月にして楼柱に大きな亀裂が入り……で、結論は「伝統技術はなかったが、嘘と汚職はたくさんあった」と前節と似たり寄ったり。

それでも、朴槿惠《パククネ》大統領は南大門〝復元〟の翌日、チマチョゴリ姿でNHKテレビの画面に現れて、「南大門は、民族の魂を象徴する韓国の顔です」とまで述べた。この際、「朝鮮民族の魂」と「韓国の顔」がどんなものなのか、復習してみよう。

日本各地の城を見ていたら、南大門など何と言うこともない城門だが、韓国に残る城門としては立派だったのだろう。これを「国宝第1号」に指定して周辺整備をしたのは、朝鮮総督府だ。

日本の国宝に付いている番号は「ただの整理番号」だ。総督府がどんなつもりで番号を付けたのかは定かでないが、それを引き継いだ韓国では、国宝に付いている番号は「重要度のランク順」と認識されている。何しろランク付けが好きな国民だから……。

だからだろう、「それほど優れているとは思えない朝鮮王朝の一つの建築物を、500年にわたる韓民族文化の最高の象徴に決めた日本帝国主義の本音がうかがえる」（中央日報、04年10月19日）といった論調があった。

「5000年にわたる……」とはあまりにも反知性的だが、こうしたことをサラリと述べるのが韓国のマスコミの伝統手法だ。記事そのものは、たいした物でない城門を「第1号」とすることで、われわれを貶《おとし》めたと言いたいのだ。

しかし08年2月に焼失すると、「韓国の顔」が消えてしまったといわんばかりの大騒ぎになった。

「再建すべきだ」が、たちまち「再建ではなく、国宝第1号として復元すべきだ」となり、文化財庁が「伝統技術を結集して復元する」と発表するまでに時間はかからなかった。

その間に、面白いことも次々と明らかになった。文化財庁のトップは、盧武鉉《ノムヒョン》大統領と「波長が合う」ことで知られた〝進歩的文化人〟だった。火災の時、彼は夫人とともに海外にいた。韓国紙の表現を借りれば「外遊性出張」。つまり、公費で遊びに行っていたのだ。

南大門の夜間警備は、ある警備会社が無料で引き受けていた。その前の警備会社は、「立ち入るホームレスが多くて大変だから警備料を上げてくれ」と要求していた。そこへ「無料でする」という会社が現れ、管轄の区はそこに任せた。任された警備会社は「ウチは国宝第1号の警備を任されている」と宣伝することだけが目的で、警備をしなかった。

それで、焼失前の南大門は「ホームレスの宴会・宿泊場」になっていた。「第1号」だろうと第何号だろうと、国宝の建造物がホームレスのねぐらに……おそらく、韓国でしかあり得ないことだ。

そこにいたホームレスの一人が放火した。この男は、3年前にも国宝の昌慶宮《チャンギョングン》の文政殿《ムンジョンジョン》に放火している。しかし、裁判では執行猶予だった。

国宝に放火して執行猶予とは、日本人には驚きだが、韓国では特に問題にもされなかった。

逆に、靖國神社のトイレに爆弾を仕掛けて破裂させた韓国人に下された懲役4年は、韓国人からすると「異常に重い刑」になる。

韓国ウォッチャーなら誰でも知っていることだが、韓国とは「犯罪の加害者に〝やさしい〟国」なのだ。日本の弁護士が「加害者の人権重視」で動くのは、〈日本の韓国化〉の一つかもしれない。

材料費も工賃もケチる

「伝統技術を結集」した復元作業は10年から始まった。

白い韓服姿《パジチヨゴリ》の職人が、「ふいご」式の炉から灼熱《しやくねつ》状態の鉄を取り出し、槌《つち》で打って伝統の作業用具を作る様。いまで言えば起重機。「挙重機」と呼ばれる手動の装置で石材を少しずつ持ち上げていく様……。工事は高いフェンスのなかで行われたが、文化財庁はときおり作業場面を撮った動画を公開した。

が、問題が提起された。

「内部の設計図面がない」というのだ。第1号の国璽がどこに行ったのか分からないという国だ。国宝第1号の内部図面が「ない」くらい、当たり前のことだ。

日本なら「決定的な問題」となろう。が、そこは〈外華内貧《がいかないひん》〉の国だ。外側の実測図はあるし、丹青の写真もある。大勢は「なら、問題ない」となった。つまり、「外側だけの〝復元〟」だ。

次に出たのは労賃不払いだ。大工が「賃金未払い」を理由に、作業を中止してしまったのだ。木手匠《モクスジヤン》（大工の棟梁《とうりょう》を韓国語ではこう呼ぶ）は、大工が伝統工具の使用に慣れていないため、通常工具を使う場合の何倍も時間がかかり、予算を使い切ったと説明した。

そこで、〝復元〟予算の額が問題になった。国宝の復元のための大工の手間賃は、小中学校を建築するのと同じ基準で算定されていた。

日本の地方では、小中学校や公民館は、台風や地震の際、避難場所になる。が、韓国では、小中学校や公民館は、台風や地震の際には「速やかに退避すべき場所」と認識されている。粗悪な材料を使ったうえに手抜き工事で建てられているから危ないのだ。

国宝第1号の〝復元〟工事は、そんな予算基準で算定されていたのだ。材料費も工賃もケチる。が、広報予算だけはタップリと取っていた。

韓国の財閥企業が、部品代金をギリギリ値切り、下請け代金を徹底的に圧縮し、ＰＲ費だけジャンジャン使うのと同じだ。

「日本製」が問題に

瓦《かわら》を葺《ふ》く段になると、その瓦は伝統瓦ではないとの指摘が出た。文化財庁は、「忠清南《チュンチョンナム》道扶余《ドブヨ》に窯《かま》を設置して、南大門に使われる伝統瓦を焼いている」と強く反論した。「伝統技術を結集して」とは、受け継がれてきている技術ではなく、窯そのものから新たに作ることだったのだ。

骨組みが出来上がり、丹青を施す直前、今度は「日本製」が問題になった。顔料と、接着のためのニカワが日本からの輸入品であることは、「伝統技術を結集」する精神に反するというのだ。また文化財庁が反論した。

「昔も顔料は輸入品を使っていた」と。それはそうだろう。洗うと色落ちする染料は作れても、色落ちしない顔料を作る技術はなかった。だから朝鮮の民は、白い服を着ていたのだ。韓流ドラマの時代劇に出てくる色鮮やかなチマチョゴリなんて大嘘だ。

「伝統の接着剤は大学教授が再現を試みたが、失敗した。これも質の良い日本製を輸入するしかない」とも。

李明博《イミヨンバク》大統領（当時）は、自分の任期中に〝復元〟を終えて壮大なパレードとともに引退することを夢見ていたらしい。それで「工事を急げ」の命令が頻繁に出ていたとされる。

が、彼の任期が終わる13年2月には間に合わなかった。色鮮やかな龍の模様が描かれた〝復元南大門〟の柿落《こけらお》とし（13年5月4日）の主役は、就任間もない朴槿恵氏だった。

観光業界は「新たなソウル観光の目玉ができた」と歓喜した。NHKが持ちかけたのか、文化財庁の上部組織である文化体育観光省が頼み込んだのか、朴槿恵氏が「南大門は民族の魂を象徴する韓国の顔です」と観光宣伝に出てきた。

丹青が剝がれ落ちたぞ

ところが、それから5カ月、丹青が20カ所以上で剝がれ落ちているとの報道が出た。

中央日報（13年10月10日）の社説を紹介しよう。

「垂木《たるき》の一部の丹青（韓国独特の鮮やかな色彩装飾）が剝がれて見苦しい姿を現した。韓国文化財庁によれば、丹青が剝がれる現象は5、6月から見つかり、これまでに約20カ所で発見されたという」

そもそも昔から、顔料からして輸入に頼っていたのに、何が「韓国独特の……」なのか。これぞ、サラリと嘘を言う韓国メディアに独特の「伝統手法」だ。

報道は〝復元〟から5カ月後だが、実は〝復元〟式典の直後から、剝がれた部分が見つかっていたというのだ。

それでも、中央日報はいつになくおとなしかった。

「丹青作業も、化学物質を使わず伝統方式を守って作業を進めた。だが、数百年前の技術を生き返らせて現場で使うことが思ったよりも容易ではないということが今回のことで表れたことになる。丹青が剝がれたことは、こうした試行錯誤の一つだと見るべきだろう」と。

朝鮮日報（13年10月13日）も、「化学染料ではなく、数十年ぶりに貝の粉（筆者注＝胡粉《ごふん》のこと）や天然のニカワを使ったために発生した」とする丹青匠の反省の弁を伝えた。木手匠、丹青匠……どうやら韓国語の「匠」は、「技術的に秀《ひい》でた」という意味よりも「棟梁」「親方」の意味で使われている。

この一方で、「日本産のニカワ」が問題とする報道もあった。聯合ニュース（13年10月8日）は、「ニカワが腐っていた」とする専門家の発言を伝えている。丹青匠は、「色の鮮やかさを出すために胡粉を厚く塗り過ぎた」と弁解している。

瓦についても、退色・白化現象が見られるとの文化財庁の内部報告が暴露された。文化財庁は公式には、「雨が降って、石の間にある土や生石灰《せいせっかい》が流れ出たもの」と説明したが、そもそも雨が降ると石の間の土や生石灰が流れ出るとは、どんな施工をしたのだろうか。

そして、13年11月に決定的な問題が現れた。楼柱に1メートルにも達する幅広の亀裂が走ったのだ。生乾きの材木を使っていたことは明らかだ。材木屋を兼営する木手の「匠」は、材木の乾燥度もチェックしなかったのだろうか。

前後して、様々な報道があった。

「文化財修理専門技術者資格が、1000万～3000万ウォンで貸与されていた」

「材木店を兼営する木手匠は、支給された韓国産高級松材を横流しして、安いロシア産の松を使った」

「文化財庁など関連機関の公務員らが、文化財復元関連業者から賄賂《わいろ》を受け取った」などなど。

中央日報がひときわ突っ走っていた。あのおとなしい社説を書いてしまったことの反動かもしれない。そうだとしても、「顔料はどのようなものだったのだろうか。まず、日本製品だという部分で怒りを覚える」(13年10月21日)とは、いかにも韓国の反日記者らしい書き方ではないか。中央日報が属するサムスン財閥は、日本製の工作機械、部品を大量に使っていることはどうなのだろうか。

総じて、このところの朴槿恵・崔順実《チエスンシル》スキャンダルに関する報道と同質だった。すなわち、「韓国型公憤」剝き出しの記事が多く、どこまでが本当なのか、判断しかねるニュースの洪水だった。

復元団長を務めた文化財庁の文化財政策局長も、『5年間の現場記録』と銘打った著書を出した。そのなかで、伝統の鍛冶屋の作業は実はショーであって、ここで制作されたものは、工具はおろか釘一つとしてないと暴露した。古代製鉄匠は「名誉毀損《きそん》だ」と大声を上げた。

「韓国の顔」

嵐がおさまった14年5月になって、監査院の報告が出た。これは一応信じられる。どのメディアも、ほぼ同じことを伝えているから。

朝鮮日報（14年5月16日）の記事から引用する。

「顔料が流れ落ちてニカワがまとわり付く問題が発生したため、丹青匠がひそかに合成樹脂接着剤をニカワに混ぜて使っていた」

「丹青匠は、安い化学接着剤の利用によって3億ウォンの不当利益を得ていた」

「丹青に塗った桐油《きりあぶら》を早く乾燥させるため、丹青匠が桐油とテレビン油を混ぜて崇礼門《スンネムン》全体に塗ったことから、火災の危険性が最大4倍になった」

何が「匠」か。ペンキ屋のオヤジだったのだ。

「瓦は考証を経て、火災前の伝統的な瓦の規格どおりに作ることになっていた。しかし、業者から『施工が厄介』という意見が出たため、現在の韓国の国家規格であるKS規格（筆者注＝日本で言えばJAS規格）に変更された」

施工が厄介――「ケンチャナヨ」とともに韓国の生産現場で頻繁に耳にする言葉が「ヒムドゥロヨ」（厄介だ）。職人が「ヒムドゥロヨ」と言って、技術的「こだわり」を捨ててしまう世界。「匠」が育つはずがない。

「『伝統の金物で復旧する』と発表したものの、伝統の金物の再現に失敗した。文化財庁は、景福宮《キョンボックン》に保管されていた朝鮮王朝時代の金物を持ち出して利用し、足りない分は鉄工所で現代の金物を購入、使用した」

すぐバレることなのに、「名誉毀損だ」と大声を上げる。韓国では「当たり前のこと」に属する。

落成から1年4カ月、ＳＢＳ放送（14年9月9日）が「最近の状況」をルポした。

「丹青が剝がれたところは、昨年10月の81カ所から５１７カ所に増えました」

「最近できた亀裂は、深さが20センチにもなります」

「人々が通る門のアーチ部分では左右の幅が狭くなってゆく、いわゆる孕《はら》み出し現象が現れていますが、まだ原因が分かりません」

そして結びの言葉は、「正常なところがほとんどないわけです」――それが「朝鮮民族の魂」であり、「韓国の顔」ということなのだろう。

10　「ウリスト教」の秘密

賄賂で教会を開き牧師に

「ウリスト教」をご存じだろうか。日本の韓国通の間では知らぬ人のない言葉になった「ウリジナル」と比べるとマイナー造語だが、「韓国型キリスト教」の意味だ。

韓国語の「ウリ」は、一人称複数形の主格兼所有格に当たる。それに英語のオリジナルを合わせたのが「ウリジナル」であり、良い文物を知るや、すぐに「韓国起源のはずだ」「発祥の地は半島のはずだ」と始める韓国人の性癖を揶揄《やゆ》する言葉だ。

そういえば、キリストさえも「ウリジナル」の対象になっている。牽強付会《けんきょうふかい》して「キリストも韓民族だったことが分かった」と主張するのだ。

さすがに「ウリスト教徒」の大部分は「キリスト韓民族説」を信じていないようだが、

「ウリスト教」をめぐる韓国人の動きは、日本人の常識を超えている。

韓国の銀行の東京支店は少し前まで、裏金作りの温床だった。担保能力のない法人や個人に、書類を偽造して不正融資を行う。その見返りに賄賂《わいろ》を取る。不正融資を受けていたのは新大久保界隈《かいわい》の「韓流関連ショップ」が多いとされる。これに関連して面白い記事があった。企業銀行（政策銀行）で不正融資をした行員の一人について、「裏金を使って韓国でビルを購入し、教会を運営していることが分かった」（聯合ニュース14年3月12日）というのだ。

韓国で「教会」という場合はプロテスタントのことで、取り仕切るのは牧師だ。カトリックの場合は「聖堂」と呼び、そこにいるのは神父（司祭）だ。ビルの一室を借りている小さな教会もたくさんあるが、「ビルを購入し、教会を運営」とは、購入したビルで自ら教会を開き、その〝オーナー牧師〟におさまっていたという意味だ。

その資金が不正融資による賄賂とは……日本なら何とも信じがたいスキャンダルとして、様々なメディアが取り上げていただろう。

ところが、この聯合ニュースの記事は日本語訳770字あるのに、面白い部分は最後のほうに70字ほどだ。そんなこと、韓国では「たいした報道価値もない」というわけだ。

実際、銀行員の不正は日常茶飯事《さはんじ》だし、神父や牧師がかかわる犯罪もほぼ同様だ。

この記事が出る少し前、台湾で恵まれない子供を収容する施設を運営していた韓国人牧師が、預かっていた少女に「韓国のお父さんはみな、こうして娘への愛を表現する」と言って性行為に及んでいたことが発覚した。台湾や中国系のメディアは報じたが、韓国の大手マスコミはスルーか目立たない扱いだったようだ。

韓国では、神父や牧師、僧侶、あるいは新興宗教の教祖をまとめて「聖職者」と呼ぶ。聖職者による性犯罪は珍しくない。それどころか、警察庁資料によると、職業分類上の「専門職」（弁護士、医師、芸術家など）のなかで、性犯罪をした者の割合は聖職者が最も高かった（オーマイニュース15年9月11日）というのだから〝性職者〟と書きたくなる。

内部抗争は暴力団さながら

韓国では、プロテスタントとカトリックが「別の宗教」として扱われている。前者はキリスト教と呼ばれ、後者は天主教と称されるが、私から見ればどちらも「ウリスト教」だ。

統計庁が15年に実施した宗教分布調査によると、「宗教なし」が56・1％（前回の05年調査では47・1％）と、初めて過半数を超えた。「あり」の内訳は、プロテスタント19・7％

（同18・２％）、仏教15・５％（22・８％）、カトリック７・９％（10・８％）、その他１・７％（１・１％）だった。

プロテスタントは微増したが、仏教とカトリックは比率も絶対数もガタ減りした。「宗教なし」は10歳代と20歳代では６割を超える。仏教も宗門内の権力争い、僧侶の女遊びや性犯罪、賭博とスキャンダルには事欠かない。若い世代が宗教界の実態に呆れて、親の信仰を受け継がない傾向が表れているのだと思う。

それでも韓国で宗教界は、依然として強力な実権集団だ。なかでもプロテスタントは功利的で、攻撃的な性格が強いように思える。

そもそも、朝鮮戦争のあと、米軍援助物資を優先的に得るために現れた〝にわか信者〟がスタートなのだから。進駐した米軍は、援助物資を教会の組織を信じて配布したのだ。目先が利く者は、信者として優先配分を受けるより、自らバラックの教会を建てて〝にわか牧師〟になった。教会─信者─地域住民と流れるはずの物資が教会で留まり、〝にわか牧師〟は自らの懐を温めたのだ。

闇屋が財閥になり、ブローカーが政治家になったように、〝にわか牧師〟はやがて「権威ある牧師様」になった。その歴史が尾を引きずっている。

11年にはソウルの教会で、上級牧師から担当教区を外された（つまり実入りが減った）牧師2人が上級牧師に暴行し、重傷を負わせて逮捕された。

12年には大邱《テグ》の教会で、教会内部の勢力争いが激化し、役員選挙の会場に主流派の牧師が護身用の空気銃を持って現れた。

聖職者非課税は「慣例」

ウリスト教では、収入の1割を教会や聖堂に寄付するのが慣例だ。皆が皆、それを守っているとは思えないが、教会の信徒役員争いは、牧師同士の権力争いと結びつき、これまた熾烈《しれつ》だ。「3人いたら派閥が3つできる」と言われる国民性が関係しているのだろうか。

上級の役員になるためには、信仰の熱心さより金だ。民間企業の社長や会長が「教会に寄付するのだから……」と、どこが悪いと言わんばかりに会社の資金を持ち出すのは珍しくない。もちろん、全額が教会に渡っているかどうかは分からない。

農食品流通公社社長も、自分が通う教会に公社の金で大枚を寄付していた。この人物が朴槿惠《パククネ》政権の農林相になった。国会は「事実上の横領だ」として解任を決議したが、大統領は決議の受け入れを拒否した。韓国型公憤が左翼に流れるのも無理からぬ。

汝矣島《ヨイド》純福音教会は、信徒70数万人を抱える世界最大の教会だ。ここでも金をめぐる問題が起きた。創設者である趙鏞基《チヨヨンギ》牧師が、子息の経営する会社の株式を不当に高く買い上げるなど１０００億ウォン近くを横領していたというのだ。

この時、牧師はすでに１５７億ウォンの背任容疑で検察から起訴されていたが、告発した「教会立て直し」派の長老グループは「そんなものだけではない」というわけで、記者会見では「不倫の手切れ金の領収書」のコピーまで公開した。

が、趙鏞基派の信者が「なぜ教会のことを外で騒ぐのか」「われらの牧師様に恥をかかせるのか」と怒鳴りながら記者会見場に乱入……ハンギョレ新聞（13年11月14日）が詳しく報じている。

汝矣島純福音教会の財力は突出しているが、牧師になり10人の信者を集めて、収入の１割ずつの寄付を受ければ人並みの生活が確保されるわけだ。しかも韓国では、牧師に限らず聖職者は収入に課税されない。

日本でも「坊主丸儲け」と言われるが、非課税なのは宗教法人の宗教活動が原則であり、いちおう法律に定めがある（守られているかどうかが問題だが）。が、韓国の「聖職者非課税」は法的な根拠が全くない。あくまで「慣例」なのだ。

５００万ウォンで牧師に

ではどうすれば、こんなに美味しいウリスト教の聖職者になれるのか。カトリックは単一組織であり、神父への道は丁稚奉公《でっちぼうこう》さながらの伝統が守られているらしい。が、プロテスタントは次から次へ分派していく。そして分派ごとに神学大学、神学校を経営している。神学部で4年、大学院3年を経て、牧師になる資格の入り口に辿り着けるらしい。しかし実際には、無認可の神学校が４００を超えるという。そこではどんな教育が施されるのか。

ＭＢＣニュース（12年1月19日）が報じた。

「神学校を運営するという仁川《インチヨン》の一教会。牧師になりたいと伝えると、礼拝堂そばの小さい事務室に案内された。牧師は『５００万ウォン出せば、正規神学校の学位はもちろん牧師資格まで与える』と提案した」

このニュースから間もない12年2月、全羅南道《チヨルラナムド》の田舎町で、牧師夫婦が3人の子供を虐待死させる事件があった。

牧師は「聖書のように雑鬼を追い出そうとした」と供述したが、やがて巫女《みこ》と思われる女性が牧師夫婦に「子供に悪霊が入っているのでムチで打たなければいけない」と唆《そそのか》したことがわかり、逮捕された。そして「神学大学を出たり、正式に牧師按手《あんしゅ》を受けたのではないため、合法的な牧師とは言えない」（中央日報12年3月13日）ことも明らかになった。「合法的な牧師とは言えない」との表現に、つい吹き出してしまった。

援助物資を利権と心得た〝にわか牧師〟が教会を立ち上げた歴史が確実に尾を引いているのだ。

企業銀行の東京支店で不正融資をして賄賂を貯め込んだ人物も、金で牧師の資格を得て、儲かる自営業でも始めるつもりで教会を開いたのだろう。

3・11は日本人への罰

こんな事情だから、最近は年に1万人近くの「牧師資格者」が輩出する。しかしほとんどは、〝営業エリア〟を確保できない。それで海外に出て布教する宣教師が、彼らの人気職種になる。汝矣島純福音教会のような潤沢な資金を持つ教会がスポンサーだ。何と2万人もいるという。

彼らはイスラム教の国の繁華街で賛美歌を合唱したり、強引な布教活動をして当局に拘束されたり、とても攻撃的だ。

15年のネパール大地震の救援活動に向かったプロテスタント系NGO団体は「このような災難はヒンドゥー教の神々を信じて起きたことであるから、イエス様を信じなければならない」とするパンフを配布し、猛反発を受けた。

牧師も攻撃的だ。目立った事例だけ紹介する。

▽05年のこと、国立墓地に手向《たむ》けられていた朴槿惠氏（当時は野党・ハンナラ党の代表）の花輪を、左派の牧師が踏みつけた。

▽10年12月、著名な牧師は「私たちの社会に紛争が多いのは、日帝の教育方針に原因がある」と説教した。日本支配が終わって何十年経つというのか。

▽東日本大震災のあと、くだんの汝矣島純福音教会の趙鏞基牧師は「人を天の皇帝（筆者注＝天皇のこと）などと呼び、神を信じない日本人たちに神が軽く罰を与えた」と説教した。

▽やはり著名な牧師は14年8月、「現在の日本は冷静に言って、悪魔が支配する国」と説教した。

こんな説教を熱心に聴いて育てば、日本の神社仏閣の建物を油で汚して回ったり、石像を壊して回ったりする韓国人が出てくるのも当然だ。

プロテスタントのことばかり書いてきたが、韓国のカトリックも「ウリスト教」だ。金銭スキャンダルは滅多に出てこないが、性犯罪で摘発された神父の比率は、プロテスタントの牧師を上回る。

半島のカトリックは李王朝末期に外国人宣教師がもたらしたものだが、その後、主流となったのは、中国で洗礼を受けて帰国した朝鮮人神父が広めた教えだ。

李王朝末期の外国人宣教師も、安重根《アンジュングン》に「（テロをすれば）歴史に名を残せる」と、テロ慫慂《しょうよう》ともとれることを述べたとされる。

無差別テロを実行させる

韓国カトリックの一部は、「安重根を準聖人に列するべきだ」と運動している。

上海臨時政府の首領だった金九《キムグ》は、商人宿で自分が先に朝飯を注文したのに日本人の行商人に先に朝飯膳が配されたことに激怒して、行商人を殺した。行商人の傷口から迸《ほとばし》り出る血を啜《すす》り、自分の顔に血を塗りたくって雄叫《おたけ》びを上げた。まさに「未開の人」だ。

そして逃亡先の上海では、手下に何件かの無差別爆弾テロを実行させた。1932年の上海天長節爆弾テロ事件はその一つだ。この人間がカトリック教徒だったとは、おそらく日本人の一般的な宗教観の大枠を超える話だ。

金九は戦後、李承晩《イスンマン》が放った刺客・安斗熙《アンドゥヒ》により暗殺された。その安斗熙は1年足らず服役すると釈放され、情報活動要員として軍に採用される。もうここまでの話でも、普通の日本人の理解を超えているだろう。

が、理解できない話はまだ終わらない。安斗熙が年老いて寝たきりになった1996年、カトリックで金九信奉者である朴琦緒《パクキソ》が、「天寿を全うさせない」と安斗熙の家に押し入り、「正義棒」と書いた棍棒《こんぼう》で二百数十回も殴って殺したのだ。きっと、死んだあとも殴り続けたのだろう。

理解できない話はまだ続く。朴琦緒は金大中《キムデジュン》政権の恩赦により、わずか1年半服役しただけで釈放された。金大中もカトリックだった。

プロテスタント系の韓国CBS放送が発行する「ノーカットニュース」(14年7月8日)が、「金九先生を暗殺した安斗熙を殺してきた」とギョッとする見出しで朴琦緒を採り上げた。その記事には、犯行に使った「正義棒」を持って立つ朴琦緒の写真が付いている。英雄扱いだ。

韓国では、カトリックもプロテスタントも「ウリスト教」なのだ。

第3章

犯罪人大国

11　拝金主義型の八百長天国

体育特技生から夢が広がる

その人口規模に比して見れば、韓国が「スポーツ強国」であることは明らかだ。リオ五輪で日本は12個の金メダルを取って、大いに沸いた。韓国は日本の4割強の人口なのに9個の金メダルを取っている。その前のロンドン五輪では、日本は金メダル7個に対して、韓国は13個だった。

その強さの秘密は……いつもキムチを食べているから、まさか。実は、拝金主義が生んだ歪《ゆが》んだ英才教育システムのためだ。そのシステムは日常的な八百長《やおちょう》行為に繋がり、博打《ばくち》好きの国民性がモロに絡《から》んでくる。

忠清南道《チュンチョンナムド》の山中に停められた乗用車のなかで、中年男性の自殺体が発見されたのは13年

５月28日のことだった。

死亡していたのは47歳のテコンドー道場の館長。車内にあった遺書により、高校生の息子が全国体育大会（日本の国体に相当）テコンドー高校の部に出場したものの、３回戦で「不当な判定」により負けたことに〝絶望〟したのが自殺の理由と分かった。

テコンドーは「韓国の国技」とされる。それからして、日本の空手のパクリとは……。そのことは別にして、日本で柔道場を経営する父親が、高校生の息子が柔道で国体に出場したものの、納得できない判定によって負けたからといって自殺するだろうか。

自殺するとしたら、「たくさんの子供に柔道を教えているのに、息子が国体で負けてしまったとは面目がない。恥ずかしい」といった理由だろうか。しかし、韓国では〝絶望〟なのだ。実は、〝絶望〟するだけのシステムが背後に出来上がっている。

それはテコンドーに限らない。全国大会で準決勝まで進めば、大学に「体育特技生」として入学できる。その際、大学は特に優秀な選手にはスカウト金を支払う。

大学スポーツ学長協議会は12年５月、「金銭によるスカウト根絶」を決議した。協議会会長は、「スカウト競争が激しくなっている影響で、優秀な高校生選手に金銭を渡して入学させるなどの行為が、各大学で公然と行われている。なかには保護者が入学を前提に金品を要求するケースもあり、問題は深刻だ」と語っている。

これに関連して朝鮮日報（12年5月22日）は、「監査院が今年2月に発表した監査結果によると、09年度から12年度の体育特技生選抜の際、8大学が5種目72人の高校卒業予定者に支払った金品は、総額29億ウォンに上った」と伝えている。一人当たり4000万ウォン強。もちろん氷山の一角だ。学長協議会が決議したからといって、金銭スカウトがなくなったわけでもない。

体育特技生は、まったく講義に出なくても卒業できる。高麗《コリョ》大学を卒業した金妍児《キムヨナ》は、どれほど講義に出ていたのだろう。ともかく体育特技生として入学すれば、大学4年間、練習に打ち込める。それはオリンピック代表選手への直結ルートといえる。

そして、オリンピックでメダルを取れば、日本とは比べ物にならない報奨金が入る。後援企業から別途のプレゼントがある。豪邸一軒のようなケースもある。

メダルに届かなくても、「元オリンピック代表」として別格の（つまりコーチ料が高い）指導者になり、やがては大学の体育指導教授や競技団体の幹部の座を得て、裕福に暮らしていける。

「協会長」の肩書があれば

日本の各種スポーツ、とりわけマイナースポーツの全国協会（競技によっては連盟）はほとんど金欠病だ。下部組織の大学の連盟になると、役員は無報酬のボランティアどころか寄付までしている。

それに対して、韓国の協会はだいたいのところ潤沢な資金を持っていて、横領事件が頻発する。「国威発揚など」のため、後援企業が資金を提供するからだ。

「など」の一つは自社宣伝で、もう一つは実利だ。

韓国の経済記者から聞いたところでは、

——どれほどマイナーなスポーツでも、国レベルの協会長になると、外国を訪問すれば、その国のカウンターパートとの晩餐会《ばんさんかい》が催される。アラブなら協会長は王子であるか、政治的な実権を持つ人物だ。欧州ならエスタブリッシュメントに属する企業オーナーだ。韓国の得体の知れない企業の経営者なら門前払いされるところ、「協会長」の肩書があれば、彼らと親しく晩餐し、次なるコネの発展を期待できる。

何事もコネで……韓国人らしい発想だ。

アーチェリーは、いまや「韓国が本場か」と思われるほどマイナーなスポーツ種目だ。そこに現代《ヒョンデ》自動車グループは「親子2代のアーチェリー協会長企業」として、1984年から16年のリオ五輪までに450億ウォンを投じてきた。報奨金は別会計だ。12年のロンドン五輪の時は16億ウォンを振る舞った。

全国大会優勝─大学からのスカウト金─オリンピック代表選手─報奨金─大学教授・協会幹部。こんな夢が広がっていればこそ、全国体育大会の3回戦で「不当な判定」によって息子が敗退したことは、父親にとって〝絶望〟だったのだろう。

スポーツ利権ファミリー

いや、こんな夢の広がりがあるからこそ、審判買収が頻発する。

問題の試合は、残り50秒となった時点で、得点差は5対1だった。ところが、残り50秒間に審判が7回の警告を発し、逆転の反則負けにしたというのだ。

〝絶望〟しての自殺による告発は効いた。その報道により、警察がテコンドーの試合内容にまで踏み込んで捜査に乗り出し、八百長判定に絡んだソウル市テコンドー協会専務、審判委員長と審判、さらに八百長判定を頼んだ生徒の親らを立件した。

協会幹部から審判まで、もう総ぐるみでかかわっていたのだ。

八百長判定を頼んだ生徒の親が「某大学のテコンドー学科の教授」というのだから、日本人は驚く。

しかし、韓国人は驚かなかったはずだ。新聞も、淡々とした筆致で書いている。みんな〝テコンドー利権のお仲間のこと〟だから当たり前なのだろう。朝鮮日報（14年9月16日）は、こう書いている。

――ソウル市テコンドー協会の元幹部は、警察での取り調べに「このような不正の指示は『オーダー』と呼ばれ、男女ともに高等部の試合で特によく行われている」と語った――

この元幹部の言葉だけで、日本と韓国の道徳観念の違いがよく分かるではないか。

父親の遺書にはこうあった（前掲・朝鮮日報）。

――試合を見ていた何人かの人たちから、「あれは間違った意図的な警告だ。あんたに力がないから、あんな目に遭うんだろう」と皮肉られた。今回の試合の主審は、私と普段から仲が悪く、私が指導する選手たちに対し不当な判定を繰り返していた――

日本のテレビは韓国特集となると、子供たちが無邪気にテコンドーの練習をしている様子を放映する。しかしその指導者たちは、派閥をつくって利権（夢の広がり）を貪《むさぼ》り、さらに利権ファミリーを世襲化しようとしているのだ。

それから2カ月ほどあと、世界テコンドー連盟（WTF）総会がメキシコで開かれ、趙《チョ》正源《ジョンウオン》氏が連盟総裁に4選された。そして、趙正源氏はこう語った。

「テコンドーは夏季五輪28競技中、最も透明で公正なスポーツだ」

よくもまあ恥じることなく語れるものだ。朝鮮日報（13年7月16日）が「最も透明で公正なスポーツだ」との見出しで、あの国内不祥事には全く触れないまま4選を報じたのにも驚かされた。

言ってはいけない韓国社会の本質

それでも、テコンドー道場館主の〝絶望自殺〟事件は、警察の捜査内容の報道と相俟《あいま》って、それなりの「韓国型公憤」を呼び起こした。

だから、朴槿惠《パククネ》大統領が13年7月23日の閣議で、「先日、テコンドーの審判問題で保護者が亡くなった事件があり、胸が痛んだ。実力があっても不公正に不利益を被《こうむ》ることは、新政府ではあってはいけない」などと述べたことは喝采を浴びた。

大統領がこう述べるや、文化体育観光省は、2099にも及ぶ全国と市・道の各種競技団体に対する特別監査に入った。同時に、検察・警察とともにスポーツ4大悪（八百長・暴力・入試不正・組織私有化）剔抉《てつけつ》合同捜査本部を設置し、捜査を進めた。

別途、大統領府からテコンドーと馬術をよく調べるよう指示があったと、当時の劉震竜《ユジンリョン》文化体育観光相は暴露している（中央日報16年10月27日）。

大統領の閣議での発言の前に、仁川《インチョン》アジア大会の馬事競技の選抜大会があった。「大統領の裏側近」である崔順実《チエスンシル》氏の娘は準優勝で終わり、アジア大会出場権を得られないはずだった。

文化体育観光省の体育局長と体育政策課長は、重点監査対象になった馬事協会の監査に入り、事情聴取の結果、「崔順実の派閥活動が問題」との報告書をまとめた。

すぐに、文化体育観光相は大統領に呼び出された。「引き籠り・門番付き」の大統領と一対一で対面することもなく辞めていく閣僚、首席秘書官が少なくないのに、何たる光栄か。

この席で大統領は、手帳を見ながら「○体育局長と○体育政策課長は悪い人だそうですね」と言った。

文化体育観光相は、局長と課長を更迭《こうてつ》せざるを得なかった。新しい局長と課長の下で、馬事協会は執行部が替わり、崔順実氏の娘がアジア大会代表になった。

これこそ「朴槿惠―崔順実ゲート」の直接の導火線になった。仲間内から批判された崔順実の娘がSNSに「親も金も実力のうちだ」と、言ってはいけない韓国社会の本質を書いたことが、「ヘル・コリア」（地獄の韓国）に苦しむ人々の怒りを高めた。

「ヘル・コリア」とは、コネと賄賂《わいろ》が万能な社会なのに、親に有力なコネもカネもないため就職先もなく、金がないため恋愛もできない若者たちの流行語だ。

結果として、朴槿惠氏は「テコンドー審判批判」に〝悪乗り〟して、戻ってきたブーメランに直撃されたのだ。

賭博中毒病患者数が世界一

韓国の小学校は、初めから「体育特技生候補」が区分されているという。運動神経が優れている子供は、勉強はしないでスポーツに専念する。韓国の女子ゴルフ選手は、その典型とされる。インタビュー内容が時事問題に及ぶと何も答えられないから、日本では初めから尋ねないことに決めているらしい。

小学生の「体育特技生候補」は8万人もいるそうだ。彼らは、それぞれのスポーツ教室に通う。サッカーのような団体競技の場合、スポーツ教室の講師に手厚い「封筒」（現金）を渡さないと、実力があってもレギュラーから外されてしまい、早々に脱落する。それでも小学生や中学生の時に脱落すれば、まだやり直しができる。

「体育特技生」として大学に入っても、五輪代表になれる選手は数が限られている。五輪代表にはなれないまま、野球、サッカー、バレーボール、バスケットボールのプロチームに入る選手はたくさんいる。

選手寿命は短い。ほんの一握りのスタープレーヤーを除いては、引退後も食べていけるような金は残せない。

日本のプロ野球選手、力士も似たようなものだが、韓国の場合は規模壮大なスポーツ博打がプロスポーツ界全体を覆《おお》っている。韓国の賭博中毒病患者の比率は9・5％で、世界一高いとされる（朝鮮日報09年10月3日）。

韓国の「違法な賭博」の市場規模は50兆～70兆ウォンなどと推計されている。オンラインの「違法なスポーツ賭博」だけで12兆ウォンという。

「違法なスポーツ賭博」は八百長がセットだ。

ここ何年かで、サッカー、野球、バスケットボール、バレーボールなどのプロ選手が次々と摘発され、有罪判決を受けたり、永久追放や出場停止などの処分を受けた。

プロ入りしたものの芽が出ず、早々と引退した元選手が、賭博の胴元と現役選手を繋ぐブローカーになっているケースが多い。

小学生の試合でも八百長

女子のプロ・バレーボールのリーグ戦でも、八百長が摘発された。疑われた選手は「私はしていない。血書を出してもいい」と語った。この選手は翌日、警察の取り調べを受けて証拠を突きつけられると、あっさりと八百長をしていたことを認めた。

国璽《こくじ》制作や、南大門《ナムデムン》の復旧に携《たずさ》わり、不正疑惑がかかった職人や棟梁《とうりょう》が、検察庁舎に入る直前まで「名誉棄損《きそん》で訴えてやる」と豪語しながら、証拠を突きつけられるや、あっさりと不正を認めたのと同じ構図だ。

「血書を出してもいい」とまで言われても、この国の人々を信じてはいけないようだ。

小学生のサッカー試合でも八百長があった。引き分けになれば片方は全国ベスト36位以上に進め、片方も得失点差で翌年の出場権を確保できるからと監督同士が話をつけ、小学生に引き分け試合を演じさせたのだ。韓国の選手たちは、子供の時から八百長に馴《な》れ親しんできているのだ。

「日韓が政治的にギクシャクしている時にこそ、スポーツ交流を進めよう」などという綺麗事の意見が出ると、「どうも反対はしがたい」と思う日本人が多いらしいが、私は反対する。拝金主義型の八百長文化が日本に蔓延《まんえん》してはならないからだ。

12 遵法なき訴訟大国

法を守ると損をする国

韓国人は、普段は法をあまりよく守らないのに、争い事が起きると「法による解決」を叫んだりする。

日本には、この一文を読んだだけで「許されないヘイトだ」などと怒り出す〝ヘイト狩人《かりゅうど》〟がいるようだ。

しかし上記の一文は、私が書いたものではない。韓国の3大紙の一つである東亜日報（07年4月18日）に載った論説委員の署名記事だ。

事態は、この記事が載った時よりも、さらに悪い方向に進んでいる。国民100人のうち1人以上が、1年に1回は告訴する「訴訟大国」となり、そのなかで他人を貶《おとし》めることを目的とした誣告《ぶこく》（虚偽内容による告訴）が増加しているのだ。

「韓国は法を守る人が損する国」という見出し記事が、朝鮮日報（09年3月26日）に載った。成人８００人を対象にアンケート調査したところ、「韓国は法を守る人が損をする国か」という質問に、「そうだ」（72・７％）が「そうではない」（26・１％）を大きく上回ったというのだ。

「法律消費者連盟」とはこなれない名称だが、法律問題に関しては権威ある市民団体らしい。その団体が11年の「法の日」に、成人２９００人を対象に調査した。その結果を国営KBSの海外向け放送（11年4月26日）が伝えた。

「国民10人のうち４人は『法律を守ると損をする』と考えており、10人のうち８人は韓国社会では法律が守られていないと思っていることが分かりました」という内容だ。

「法律消費者連盟」は15年の「法の日」にも、大学生・大学院生２０００余人を対象にアンケートを実施した。

その結果は、「85・69％が、韓国においてはおおむね法が守られていない」「87・01％が法よりも権力やお金の力が大きいと考え、『有銭無罪・無銭有罪』と言われることに同意する意見は54・12％」「（裁判所に関しては）不公正なほうだという回答が38・48％、非常に不公正であるとの回答は35・86％」（聯合ニュース・韓国語サイト15年4月24日）。

15年の「法の日」には、政府主催の式典で、検事出身の黄教安《ファンギョアン》法相（その後、首相・大統領権限代行）が「法曹人が率先垂範《そっせんすいはん》して法を守る姿を見せることが、法治主義確立のカギだ」と述べた。

これは、法曹人ですら法を守っていないという意味なのか（実際に裁判官、検事、弁護士らによる汚職は無数にある）。ともかく、現職法相をして法治主義がいまだに確立されていないことを認めているのだ。

告訴数は日本の155倍

大多数の韓国人が「法が守られていない」と感じ、「法を守ると損をする」と思っている。そして、裁判所の姿勢に強い疑念を抱いている。

それにもかかわらず、裁判所に判断を求める訴訟が「民事では日本の6倍、告訴は155倍」（毎日経済新聞・韓国語サイト07年7月9日）もあるというのだから、不思議な気がしてくる。

この記事は、「仮処分を含んだ3審までの訴訟は1万人当たり780人で、米国カリフォルニア州（446人）を軽く飛び越え、あらゆる弁護士がウジャウジャいるニューヨーク州の1214人に迫る」と続く。

韓国のメディアでは珍しくもないことだが、これらの数値が何年のものなのか、記事をいくら読んでも出ていない。きっと、「ともかく多いのだ」という事実を伝える記事なのだから、何年の数値かなんて「ケンチャナヨ」（どうでもいいだろう、といった意味）なのだろう。もしかしたら、数値の正確さについても「ケンチャナヨ」かもしれない。

前掲の東亜日報は、「検察に受理された告訴件数だけでも04年は約47万件、日本の約150倍に当たる」「検察の不起訴処分を不服とする抗告・再抗告の伸び率は最近、年間20%前後」と報じている。

04年の韓国の人口は、4800万人を僅かに上回る程度だった。それで47万件の告訴がある。すると、ほぼ100人に1人が1年に1回、誰かを告訴しているのか――この記事を読んだ時の驚きを、いまも鮮明に覚えている。

もうこれだけで充分に「訴訟大国」だが、告訴はさらに増え、09年には62万9300件の過去最高を記録した。10、11年は少し下がったが、12年から再び増え始めた。

電子訴訟制度が導入されたことが大きな理由だ。フォーマットに従って形式を整え、「処罰してほしい」との意思を明示すれば、弁護士に頼む必要もなく、メールで告訴できる。

最新統計によると、15年の告訴は59万4777件。人口は5000万をわずかに上回るところまで増えたが、もう完全に100人に1人「以上」が1年に1回、告訴している計算になる。

告訴事件処理現況（最高検察庁）を見ると、受け付けた事件のうち公判、あるいは略式裁判に回される割合は6分の1程度で、大部分が不起訴になる。

膨大な件数を韓国の検察は、本当に捜査して起訴か不起訴かを決めているのだろうか。

韓国人記者によると、「告訴事件の大部分は詐欺、横領など金銭関連だが、告訴状に明確な証拠が記載されていないことが多い。嫌な奴でどうも怪しいから告訴してやれ、別に金が要るわけでもないのだから、といった感じ」。

前掲・毎日経済新聞も、「立証する証拠は一つもなく、『私のお金を戻してほしい』と、むやみに訴訟を起こす」「民事訴訟で終える程度の事案なのに、とりあえず刑事告訴してみるという感情的争いが溢れている」としている。きっと、検察事務官が告訴状をちょっと見ただけで「捜査する必要もない」と判断される事案が大半を占めるのだろう。

「お前こそ泥棒だ」と訴え返す

15年は、新規の民事訴訟が30万４３１９件あった。貸している家や部屋の明け渡しを求める訴訟が３万４５６８件（11・４％）で最も多く、次が貸与金の返済を求める訴訟３万３４５８件（11・０％）だ。原告側が契約書を紛失していたり、初めから口約束だったり……で、もつれると民事訴訟、そのついでに刑事告訴もというパターンが多いようだ。

かつて、地位ある韓国の老人と会った際、財閥同士の告訴合戦が話題になった。「どうして」という質問に、彼は答えた。

「昔から、『泥棒と言われたら、お前こそ俺の物を盗んでいるではないかと言い返すことが一番だ』と言うでしょ。日本にもそんな意味の言葉があるでしょ。えっ、ない。私は日本の格言から来た言葉だとばかり思っていたのですが……」

名誉毀損《きそん》で告訴されたらすぐに誣告罪で訴え返すパターンも、訴訟件数を押し上げている。

サムスン電子は「特許侵害」で訴えられるや、翌日には「お前のほうこそ」とばかり逆提訴する。

逆提訴により、国際訴訟に馴《な》れていない相手企業のド肝を抜くことができる。そして、第三者に対して「訴えられているのではない。こちらも訴えている。つまり、争っているのだ」と言い繕《つくろ》える。

そんな不純な狙いだから、逆提訴のネタは、実際の裁判になったら歯牙《しが》にも掛けられないような標準特許でいい。そして、どんなに条件が悪くても和解を目指す。事実上の敗訴でも、「仕方ないから和解してやった」と情弱な国民に言えることが重要なのだ。

脇道に逸《そ》れるが、韓国が「対馬《つしま》はわが領土だ」と言っているのも同じ発想だ。「盗んだ竹島（韓国名・独島《ドクト》）を返せ」と言われて防戦一方になるより、「お前こそ対馬を盗んだ」と言いがかりをつけることのほうが、対処方法としては良いという計算だ。

朴槿恵《パククネ》政権の初代秘書室長を務めた許泰烈《ホテヨル》氏（当時、ハンナラ党最高委員）は、「『独島は韓国の領土』と主張するより、『対馬も韓国の領土』と主張するのが効果的な対応方法だ」と、とても正直に述べている（中央日報08年7月16日）。

朴槿恵氏に限らず、韓国の朝野《ちょうや》は日本に向かって「歴史を直視しろ」と上から目線で怒鳴る。が、〝正直者〟の許泰烈氏が語っているとおり、彼らは「歴史の真実」などどうでもいい。「勝つための有効な対処手法」しか頭にないのだ。

腹立ちまぎれの強姦誣告

恐ろしいのは、裁判の過程で虚偽証言がやたら多いことだ。昔からだ。「検事が同席している刑事裁判はまだいいほうだが、民事裁判は『嘘の競演場』だという言葉が出てくるほどだ」と、朝鮮日報（03年2月13日）は報じている。ちなみに、この記事の見出しは「日本の６７１倍偽証が氾濫《はんらん》する韓国の法廷　韓国人は世界一の嘘吐《つ》き民族」。

この記事が「まだいいほう」とした刑事裁判にしても、偽証罪で起訴された人数は１９９８年には８４５人だったが、02年には１３４３人と４桁の大台に乗り、15年には１６８８人になった。15年の場合、約８割が執行猶予付き判決だった。

親しい人、とりわけ取引上のお得意様のためになら嘘の証言をすることぐらい……仮にバレて偽証罪で起訴されても執行猶予さ……それに、そろそろ新大統領の下での恩赦《おんしゃ》もあるだろうし……と脳内は展開しているのだろう。

朝鮮日報（17年1月7日）の論説委員コラムの見出しは、「偽証罪を怖がる韓国人はいない」だった。

偽証よりも悪質な誣告罪の起訴件数も、増加の一途だ。

「誣告事犯は2000年には5420件が起訴されたが、毎年増加傾向が続いて、04年には6438件」

「法務省によると2000年の場合、起訴された誣告事犯は日本の1483倍だ。ここに人口を考慮すれば、誣告事犯発生率は日本の4151倍に達する」（夕刊ネイル・韓国語サイト05年4月10日）

その後は「地検が取り扱った誣告事件は13年8816件、14年9862件、15年1万156件、16年（上半期）4633件」（世界日報・韓国語サイト17年1月31日）。

世界日報に載っていた事例を紹介しよう。

――女子大生Aは全羅北道《チヨルラブクト》の宿泊施設で知人たちと酒を飲んでいて、Bに好感をもった。Aのほうから Bに近づきキスをして、自ら服を脱いで性交した。しかしBは積極的でなく、早々にシャワーに行ってしまった。Aはこれに腹を立て、「強姦《ごうかん》された」と告訴した。

しかし、Bは万一に備えて、性交後のやりとりを携帯電話で録音していた。録音には、積極的に接近したAの対話内容が含まれていた。

裁判所は誣告罪で起訴されたAに懲役10カ月、執行猶予2年、社会奉仕120時間を宣告――

——30歳代の女性Cは職場の上司Dと長期間、不適切な関係を継続していたが、夫にバレてしまった。するとCは、「上司に強姦され、関係を持続するほかはなかった」と言い繕い、Dを強姦罪で告訴した。Dは、強制性はなかったことを証明できなかった。ところが、CがDに送った「愛している」とのメッセージが残っていた。検察はCを誣告罪で起訴した——

韓国では、安心して恋愛もできない。朝鮮半島には「腹立ちまぎれの間男《まおとこ》遊び」という格言があるが、最近の韓国は「腹立ちまぎれの強姦誣告」だ。

虚偽内容の告訴をしてそれを相手に告げると、誣告罪による起訴を逃れるため、すぐに告訴を取り下げる嫌がらせも増えている。本当に荒《すさ》んだ国だ。

誣告罪も偽証罪と同じように、なかなか実刑判決は出ない。

「犯罪加害者に優しい国＝韓国」とは、韓国ウォッチャーの間では常識だ。その〝韓国病〟は、日本の法曹界にも伝染しているのではあるまいか。

訴訟大国の泳者が大統領に

韓国では、検察の起訴による裁判も、個人の刑事告訴による裁判も、そして民事訴訟も、控訴、最高裁への上告と進む比率が高い。

14年の上告事件は３万７６５２件だった。日本では年２０００件台で推移している。人口比を勘案したら、ゆうに30倍になろう。

上告件数の推移を見ると、09年に刑事事件の上告件数が前年に比べて24％も増え、１万８２３５件になったことが目立つ。これは憲法裁判所が「未決勾留《こうりゅう》日数は原則として刑期に参入すべきだ」とする判断を下したためだ。

未決勾留であれば、家族との面会も簡単だし、差し入れもほぼ自由に受けられる。それでいて服役していたことになるのだから、上告が増えるのは当然だ。

民事の場合なら、一審判決より高い刑を宣告できないとした「不利益変更禁止の原則」がある。うまくしたら罰金が減額されるかもしれない。減額されないにしても、支払いを確実に延伸できる。

韓国では、刑事も民事も、上告することで被告人側が損をすることは絶対にないのだ。

「左翼のヒトラー」とも言うべき文在寅《ムンジエイン》氏がとうとう大統領になった。

「慰安婦合意は、崔順実《チエスンシル》の指示に基づくに決まっているから無効だ」と、乱暴な論法で群衆を扇動し、政敵を貶《おとし》めるためなら遡及《そきゅう》立法も辞さない人物が、本当に「人権派弁護士出身」なのかと疑う日本人は少なくないだろう。

しかし「韓国の弁護士＝荒んだ訴訟大国を泳いできた人物」と見れば、納得がいくのではあるまいか。

13　恩赦から放免へ

犯罪人跋扈《ばっこ》の始まり

「瑠璃明王《ルリミヨン》23年春2月、王子の解明《ヘミヨン》を太子に立て、全国に大赦《たいしゃ》を行った」——朝鮮半島に伝わる最古の歴史書である『三国史記』。そのなかの「高句麗本紀《こうくりほんぎ》」に、こういう記述がある。

瑠璃明王23年とは西暦4年だ。その時に、半島ではすでに王が恩赦《おんしゃ》（大赦）を実施していたのだ。

日本の恩赦は、大化《たいか》の改新（646年）前後が最初といわれる。日本より600年以上も早い。

現代韓国のファンタジーに満ちた歴史学では、あらゆる文化的事象は半島から列島に伝わったことになっている。しかし、列島より半島のほうが早かった文化的事象は、考古学や文献史料で検証できるものとしては、ほとんど存在しない。そうしたなかで、「恩赦」は明らかに半島が先んじていたのだ。

ただし、高句麗族は扶余《ふよ》系であり、半島の民族とは言えないと私は考えている。扶余・高句麗・濊《わい》の言葉は、新羅《しらぎ》とは違ったのだから。

しかし「恩赦」について言えば、『三国史記』の「新羅本紀」にも、「儒理《ユリ》尼師今《にしきん》2年春2月、王自ら始祖廟《しそびょう》を祀《まつ》り、大赦を行った」とある。

尼師今とは「王」の意味であり、儒理尼師今2年とは西暦25年に比定される。

つまり、明らかに半島の国家だった新羅でも、日本より600年以上前から恩赦（大赦）が行われていたのだ。

韓流ファンなら、ここで明るく「スゴーい」とでも叫ぶのだろうか。

しかし、私は全く違うことを思う。

この恩赦の歴史の古さこそ、半島における犯罪人跋扈《ばっこ》の始まりだった。それが「韓国＝恩赦大国」への道に繋がった。そして、韓国の左翼政権はいま、「恩赦大国」を一歩進めて「犯罪人放免の大国」への道を進もうとしているようだ。

４人に１人が恩赦対象に

韓国建国から今日まで、69年の間に実施された恩赦は１０１回になる。

日本の場合を見ると、終戦直後の〝囚人の大解放〟を除けば、包括的な政令恩赦（大赦、特赦、減刑、刑の執行免除、復権からなる）が実施されたことは2回しかない。サンフランシスコ講和条約発効（１９５２年）と国際連合加盟（１９５６年）の時だ。

講和条約発効に伴う恩赦では44万余人が大赦（有罪の言い渡しを受けた者について、その言い渡しの効力を失わせる。有罪の言い渡しを受けない者については、公訴権を消滅させる）、２０００余人が特赦（有罪の言い渡しを受けた特定の者について、その言い渡しの効力を失わせる）になった。

この時は、復権（法令の定めるところにより資格を喪失し、又は停止されている者について、その資格を回復する）も28万余人に達した。これが戦後日本で最大の恩赦だった。

国際連合加盟の際は、大赦6万９０００余人、特赦３００余人。昭和天皇大喪《たいそう》の礼では、大赦２万８０００余人だったが、減刑や刑の執行免除はなかった。

日本ではこれとは別に、更生保護審査会の申請に基づく常時恩赦があるが、１９５１年以降、対象者が4桁になったことがない。ここ10年ほどは100人台の推移だ。

顔形がどれほど日本人に似ていようと、韓国の状況と韓国人の発想を〝日本の常識〟で推し量ってはいけない。

1980年代はじめ、私が韓国に赴任してしばらくすると、全斗煥《チョンドゥファン》政権で初めての恩赦があった。その規模は500万人。

原稿を送ると、すぐに外信部デスクから問い合わせのテレックスが入った。「この数字は間違いないか、再確認を」と。夜になると、外信部の別のデスクから「韓国の人口はまだ4000万に達していないはずだが、あれは1桁間違っているのではないか」と。深夜、整理部デスクから「地方紙から数字がおかしいのではと問い合わせがあったが……」。

当時の韓国の人口は3800万人強。もちろん、子供も寝たきりのお年寄りも含めてだ。そこらを勘案すると、成人の4人に1人くらいが恩赦の対象になったのだろう。

韓国の恩赦規定には大赦がなく、特赦、刑の執行停止、減刑、仮釈放、復権がすべてだ。このうち、特赦は犯罪そのものがなかった扱いになる。

道交法、食品衛生法や建築基準法といった行政法規の違反者、選挙違反者らが大部分を占めるのだが、それにしても多すぎないかと〝日本の常識〟では考える。

しかし、これが韓国の現実なのだ。

庶民生計型恩赦

金大中《キムデジュン》政権は8回の恩赦を実施した。対象者は合計で1037万人。経済活動人口のほぼ半数だ。それほどの規模の恩赦をしたのに、次の盧武鉉《ノムヒョン》政権では、また437万人が恩赦を受けた。

その次の李明博《イミョンバク》政権では470万人。

もう恩赦を受けることは、「国民の当然の権利」みたいなものだ。

朴槿恵《パククネ》政権は、歴代政権の恩赦、とりわけ李明博政権が任期終了間際に、汚職で服役していた側近グループをまとめて特赦したことを強く批判して登場した。

一瞬、「これで韓国も変わるのか」と思った。が、「国民の当然の権利」を求める圧力は凄《すさ》まじい。就任2年とならない2014年の旧正月に、290万人の恩赦を実施した。

さすがにバツが悪かったのだろう。大統領府は「不正腐敗に関与した政治家や企業家は除外した」「これは生計型刑事犯と不遇受刑者を対象にした庶民生計型恩赦である」とコメントした。庶民生計型恩赦――素晴らしいネーミングではないか。

生活費に困っての犯罪だったなら恩赦する。飲酒運転で免許取り消しになったタクシー運転手は免許証こそ生活の糧《かて》だから、この際、取り消し処分を取り消す――というのだ。16年の光復節《こうふくせつ》（8月15日）恩赦を前に、朝鮮日報（16年8月13日社説）は「交通法規違反者に対する大規模な赦免があると、次の年は例外なく交通事故の発生件数が増加する」「特赦が毎回行われると、『交通法規は違反してもまたすぐに赦免されるだろう』という認識が広がってしまう」と嘆いてみせた。

ところが同じ社説のなかで、「生業《なりわい》のため自動車が必要な庶民・中産層に配慮するという赦免の趣旨については、誰も反対はできない」「単純なミスで法規に違反してしまったり、違反の回数が少なかったりする人は救済してやるべきだ」とも述べている。私にはいささか違和感がある主張だが、それにしても、いったいどうしろと言うのだ。

ブラック企業大国

話は前後するが、15年の光復節恩赦には「経済活性化のため」との名分が加わり、合計で222万人が対象になった。

韓国の企業は、完全なアップダウン型支配構造だ。だから、企業のトップが〝塀の中〟

にいたのでは大きな投資の決定がスムーズに進まない。それで、今度は「庶民生計型」だけではなく、企業家も対象にするという言い訳が「経済活性化のため」だった。

400億ウォンを超える横領と脱税で服役していたSK財閥の崔泰源《チエテウォン》総帥に対する特赦が、いわば〝目玉〟だった。日本企業のトップなら、横領と脱税で逮捕された時点ですべての役職を辞任しているだろうが、日本人と顔形がよく似ている韓国人は企業トップに居座り続けるのが当たり前だ。

この時、硬派紙で鳴らす東亜日報（韓国語サイト15年8月14日）は、「経済環境が悪化した状況を考慮して企業家に恩赦や仮釈放の措置を取るのなら、財界には活力素になるだろう」「財閥に〝有銭無罪〟の特典を与えては困るが、企業家だからと恩赦対象から無条件に除外することは〝法の下の平等〟の精神に合わない」とする正論めいた社説を載せた。

韓国のマスコミ事情に詳しい向きなら、「あなた、SKからよほど貰ったのね」としか思うまい。

ちなみに朴槿恵疑惑の一つは、崔泰源氏に対する特赦の見返りに、SKは崔順実《チエスンシル》氏が操る財団に出捐《しゅつえん》したのではないかというものだ。

この時の恩赦では、土建・建設2000余社が公共事業への入札参加資格を回復した。

韓国の恩赦は個人だけでなく、法人にも及ぶのだ。

ほとんどが談合・不正入札が摘発されての資格停止だった。李明博政権が行った「4大河川改修事業」は、そもそも土建・建設業界へのバラマキ目的だったともいえ、談合しかないような入札だった。それればかりか欠陥工事が次々と明るみに出たり、大量のアオコが発生し、まさに「負の遺産」になっている。

このプロジェクトに関する談合で、大手土建が軒並み入札停止になり、公共事業の進捗《しんちょく》が危ぶまれる状況だった。

そうした点からすれば、SK財閥総帥の特赦より、こちらのほうが「経済活性化のため」の実効がありそうだが、悪い前例になるだろう。

大手が揃って談合すれば、それが摘発されたところで逆に政府は困ってしまい、すぐに資格停止が解除されることが分かったのだ。韓国の土建・建設業界はますます談合体質を強め、業界全体の構造改革は棚上げされていくだろう。

これぞ恩赦がもたらす本質的な害悪だ。悪いこと、皆ですれば怖くない。お縄になってもすぐ恩赦——恩赦大国とは、犯罪人大国・ブラック企業大国への道に他ならない。日本からの独立を祝う日である光復節は、「定例恩赦の日」に堕《お》ちたのだ。

朴槿恵政権は、16年の光復節にも142万人の恩赦を実施した。これは日本では大きく報道されなかった。在韓外国人特派員の原稿に大きな影響力を持つ国営通信社である聯合ニュースが、早々と「4876人に恩赦」と配信したからだろう。

4876人とは特赦だけの人数だ。

欧米のマスコミまで「あまりにも多い韓国の恩赦」に注目し始めたので、政権もようやく〝恥〟を感じたのかもしれない。

わずか4876人の恩赦なら、隣国の新聞だって記事にしなくて当然だ。しかし、本当は142万人だった。これで朴槿恵政権での恩赦対象人数は合計で654万人に達して、李明博政権を抜いた。

政権中枢は軽微犯罪者の群

朴槿恵氏が18年2月までの任期を全《まっと》うしていたなら、旧正月祝賀兼平昌《ピョンチャン》冬季五輪開催記念の大恩赦で、金大中政権を上回っていたかもしれない。

朴槿恵政権の終盤から、韓国の警察はユニークな刑事政策を公然化した。警察署内に「軽微犯罪審査委員会」なる組織をつくり、「生計型犯罪者」「窃盗など軽い犯罪者」をここで書類審査し――正確には審査した形式を整えて、ほとんどを訓戒放免か、前科が記録されない略式（即決）裁判に回してしまうのだ。

16年の国会議員選挙の立候補者の４割は前科者だった。文在寅《ムンジエイン》政権の要職（候補）者も脱税、論文盗用、経歴詐称、子息の兵役逃れなど〝軽微な犯罪〟に塗《まみ》れている。

まさに「犯罪者大国」ならではの状況だが、それでも前科があると大きな企業には採用されないなど、様々な制約がある。

そこで、「生活苦などに悩まされて偶発的に罪を犯した人たちを前科者にする前に、もう一度機会を与えようという趣旨で、今年はじめからモデル運営された制度で〝韓国版ジャン・バルジャン委員会〟と呼ばれる」（毎日経済新聞、韓国語サイト15年11月29日）というのだが、この説明はあまりにも綺麗事に過ぎる。

訓戒放免も略式裁判も前科として記録されないのだから、他人を傷つけるような犯罪で前科を背負わない限り、万引きの常習者も委員会の審査書類のうえでは常に「初犯」になる。そこに「生活費に困っていた」との供述があれば、もう絶対に訓戒放免だ。

つまり、犯罪（者）を減らすのではない。「これ以上は犯罪です」というハードルの高さを勝手に上げて、送検者数を劇的に減らしているのだ。ゴールの移動もハードルの高さ変更も、韓国の国技だ。

軽微犯罪審査委員会はまだ少数の警察署でモデル運営の段階だが、実際は現場が先行している。

韓国の警察官は昔から、被害者に対して露骨に被害届を出さないよう勧めるのだ。ちょっと高級な飲食店で、従業員が食い逃げ男を取り押さえる。姿を見せた警察官は、店主に「原価はいくらなの」「そんな金のために、警察に何度も足を運ぶのかね」と始める。そして、食い逃げ男に向かって「もうやるんじゃないぞ」と怒鳴りつけて、終わり。つまりは訓戒放免だ。

ソウル特派員だった80~85年の間に、何度かそんな現場に出くわした。ソウルで日本料理店を営む在日韓国人によると、最近も事情は変わらないという。

韓国の警察官が、やたら訓戒放免の勝手裁量を働かせるのは、どうせ略式裁判で終わるような犯罪をいくら取り締まっても手柄にならないこともあろう。実は、拘置所が常に満員だからという説もある。

文在寅政権はいま、李明博・朴槿惠政権で採用された政策を次から次へとひっくり返している。ところが、警察の軽微犯罪審査委員会については何も言っていない。

人権派・文在寅政権は、軽微犯罪審査委員会の権限をますます強化するのではないか。さらに犯罪の基準ハードルを上げて、「統計を見れば明らかなとおり、わが国は世界でも稀《まれ》なほど犯罪発生率の低い国です」とＰＲする日が近いのだろう。

14　みんな「泥棒」の政権

閣僚の「身体検査」

韓国は大統領制の国だから、大統領が首相以下の閣僚の任命権を持っている。しかし、任命される前に儀式がある。国会で人事喚問を受けなければならない。俗に「身体検査」と呼ばれる。

最高裁長官、憲法裁判所長、首相らは「国会の同意」が条件になるが、一般の閣僚や、他の大統領の任命職（公取委員長、検察総長、三軍参謀総長、各省庁の次官など）は、国会が同意しなくても、大統領は任命権を行使できる。

ただ、「身体検査」で醜聞《しゅうぶん》があまりにもたくさん出て、任命の前に自ら指名を辞退した例は数限りない。

前任の朴槿恵《パククネ》大統領は最初に元憲法裁判所長を首相候補にしたが、「身体検査」したところ、息子の兵役逃れ（実際には親が関係機関に手を回す）、開発計画情報の極秘入手による不動産投機などいろいろ出てきて、結局は自ら辞退した。

「左翼の希望の星」文在寅《ムンジエイン》大統領は素早く宣言した。

①偽装転入②兵役逃れ③不動産投機④脱税⑤論文盗用——をした人物は高官に起用しない、と。

偽装転入とは、多くの場合、子息を名門の小中高校に入学させるためにする。

兵役逃れは、本人も子息も対象になる。子息の兵役逃れは、親が金を出して関係方面に手を回すのが普通だからだ。

「庶民代表の文在寅様は、これまでの大統領とは言うことが違う」と大いに持て囃《はや》された。

三百代言はかく弁護する

閣僚として最初に指名されたのは、首相候補の李洛淵《イナクヨン》全羅南道《チヨルラナムド》知事だった。

李洛淵氏の身体検査でまず出たのは、息子が「慢性的肩脱臼」を理由に兵役を果たしていないことだった。これは医者の診断書があったが、息子への生前贈与の脱税疑惑も浮上した。

偽装転入も出た。これは息子のためではなく、美術教師だった夫人が名門校に赴任するためだった。夫人が、自分が描いた絵画を押し付け販売（韓国語では「強売《ガンメ》」という）している疑惑も提起された。

道庁が発注する事業に食い込むには、道知事夫人の作品を高額で買い取ることが有効だろうから。日本にも「月光荘疑惑事件」などがあったが、一応「芸術作品」となると、高いか安いかは個人の評価次第だ。で、彼は何とか「身体検査」をくぐり抜けた。

首相候補の指名に先立ち、文大統領は、秘書室長、民情首席秘書官など大統領府の主要スタッフを任命した。

韓国の儀典序列は、大統領─国会議長─最高裁長官─憲法裁判所長─首相と定められている。しかし権力実態でいえば、大統領の次は大統領府の秘書室長だ。

大統領府の首席秘書官は、役所の格付けとしては次官級だ。しかし実態は、閣僚より首席秘書官の権限のほうが強い。部門ごとにいる首席秘書官の「お言葉」は、大統領の命令に等しい。

最高裁長官、憲法裁判所長の人事も、大統領府の民情首席秘書官が事実上握っている。

韓国の大統領府とは、三権の上に位置する意思決定機関なのだ。各省庁は、重要な政策については意思決定権がない執行機関だ。そうした省庁を形式的に統括する首相の権能とは、日本でいえば「事務系の官房副長官」に限りなく近い。

それに比べたら、秘書室長や首席秘書官ははるかに強い権限を持つ。が、大統領府のスタッフは国会の「身体検査」対象ではない。

それでも、れっきとした高官なのだから、①～⑤をしていてはならないはずだ。

民情首席秘書官に就いた曺国《チョグク》氏は左翼の刑法学者で、過激な学生運動で国家保安法違反で逮捕されたことがある。左翼政権が左翼を登用するのは当たり前であり、彼らにとって公安法規違反で逮捕されたことは一種の勲章だ。

しかし、彼の修士論文にも博士論文にも、何カ所も盗用部分があることが明らかになった（東亜日報・韓国語サイト17年5月17日）。

公正取引委員長は「身体検査」の対象だ。指名された金尚祚《キムサンジョ》漢城《ハンソン》大学教授は「財閥狙撃手」の異名を取る。この人物も「偽装転入」が明らかになった。が、文大統領は国会を無視して正式に任命した。大統領府は、「（差し替える）時間がもったいない」「専門分野で優れている」とコメントした。まさに「三百代言《さんびゃくだいげん》」の政権だ。

やはり青瓦台《チョンワデ》スタッフで「身体検査」なしで統一・外交・安保特別補佐官に任命された洪錫炫《ホンソギョン》氏（前中央日報会長）は、脱税で有罪（その後、恩赦）になり、その後はサムスンの裏金疑惑の主役の一人（時効）になった。

格好良く①～⑤をぶち上げたのに、最初からボロボロなのだ。

偽印鑑の行使者が法相!?

閣僚でまず引っかかったのは、外交相に指名された康京和《カンギョンファ》氏だった。「国際外交舞台で積んだ専門性と人的ネットワークを基に、敏感な外交懸案を賢く解決する適任者と判断される」と大統領府は指名の理由を発表した。が、偽装転入、贈与税の脱税、米国の大学院での博士論文の盗用、そして不動産投機の疑惑が出た。

①～⑤のうち、疑惑がなかったのは兵役逃れだけ。いや、本人も子供も女性だから当たり前か。健康保険の不正使用まで出た。が、大統領府は「米韓首脳会談が迫っているから」と、これまた三百代言で国会の反対を押し切り、任命権を行使した。

ついでながら述べておくが、文在寅政権の高官は大部分が50歳代か60歳代だ。その年代で、大学院まで行けた、そして教授になった韓国人とはブルジョア階級の出身者だ。

文政権は「検察改革」の旗を掲げている。その指揮官として法相に指名されたのは、安《アン》京　煥《ギョンファン》ソウル大学名誉教授だった。が、すぐに〝凄《すさ》まじい過去〟が明らかになった。42年も前のことだが、惚れた女性の印鑑を偽造して婚姻届を出していた。あとになって、それを知った女性が婚姻無効の確認を求める民事訴訟を起こして無効が認められた。韓国紙によると、本来なら「サイン（個人印鑑）等の偽造、不正使用」（刑法２３９条）と「公正証書原本等の不良記載」（刑法第２２８条）に該当する犯罪だという。

さらに、息子が退学処分になる不祥事を起こしたのに軽い処分で済み、その後、ソウル大学に推薦入学した事実についても、ソウル大学教授の立場を利用して高校に圧力をかけたとの疑惑が提起された。

安氏は謝罪しつつも、「私の最後の役目だと考え、検察改革や法務省の脱検事化を必ず成し遂げる」と頑張ったところがスゴーいではないか。が、ついには辞退した。

副首相兼教育相の実像

さらなる〝大物〟がいた。副首相兼教育相に指名された金相坤《キムサンゴン》元京畿道《キョンギド》教育監だ。教育監とは日本でいうと、都道府県の教育委員長に、教育委員会事務局長を兼ねた職だ。「保守政権と闘う進歩派教育監」と称された人物だ。

盧武鉉《ノムヒョン》政権下で、副首相兼教育相に指名された大学教授の論文盗用が明らかになったことがある。以下、朝鮮日報（17年6月16日社説「金相坤氏に良心はあるのか」）から引用する。

――当時、彼は道徳的にも教育的にも学生の教育を指揮監督し、大学教授の研究を後押しすべき教育相の資格はすでに失っている。「彼が大韓民国における教育政策のためにできる唯一のことは、一日も早く辞任することだ」とまくしたてたのが金氏だった。

が、そうまくしたてた本人を身体検査してみると、修士論文には「百三十カ所で盗作の疑い」があり、「博士論文は国内外の九種類の文献から四十四カ所を引きながら引用元を明記しなかったため、ソウル大学研究真実性委員会から『研究不適切行為』との指摘を受けていた」――

さらに驚くべきことは、30年に及ぶソウル大学在職中に発表した論文（書籍ではない）が1本しかなかったことだ。それでも教授になれる。ソウル大学とはスゴーい国立大学なのだ。

身体検査でここまで明らかになったのに、大統領は金氏を副首相兼教育相に任命し、金氏も恥じらうことなく受諾したのだから、もっとスゴーいのだ。

国防相候補は疑惑の百貨店

しかし隣国の状況を捉《とら》えるには、もっともっとスゴーい人に登場してもらわなければならない。

「国軍改革のための最適任者」として国防相に指名された宋永武《ソンヨンム》元海軍参謀総長が、その人だ。

宋氏は08年３月に退役した。４月には国防省の傘下団体である国防科学研究所（ＡＤＤ）の非常勤政策委員になった。ＡＤＤの待遇は月３００万ウォン。ほぼ30万円だが、専用車がある。おそらく運転手付きだ。

同年７月、ＡＤＤに在籍のまま、律村《ユルチョン》という法務法人の「国防公共契約チーム」顧問になる。ここは週14時間勤務で、仕事の内容は「弁護士たちに国防用語を解説すること」と宋氏は国会で答えている。

では、そこでの報酬は？　宋氏は「活動費をもらっている」と答えたが、実際の額が月３０００万ウォンだったことが、すぐに明らかになった。

顧問の契約書もないまま週14時間、「弁護士たちに国防用語を解説」して毎月３００万円受け取っていたというのだ。野党議員の追及に宋氏は、「そういう世界があるんです。一般の人にはちょっと理解しがたいでしょう。一般庶民には……」と答えた。

法務法人・律村には2年9カ月間、顧問として在籍し、9億9000万ウォンを受け取った。

韓国の統計庁は17年6月22日、「15年基準で、国民年金や職域年金、健康保険に加入している賃金労働者の中位所得は月平均241万ウォン（税引き前）だった」と発表している。中位所得とは、労働者を所得の順に並べたとき、真ん中に位置する人の所得のことだ。この統計には、日雇い労働者などは含まれていない。

月収241万ウォンの一般庶民には全く理解しがたい世界だ。

もちろん、週14時間、「弁護士たちに国防用語を解説」して……との説明は全く信じられていない。

韓国ウォッチャーなら、すぐ「前官礼遇」という四字熟語を思い出すだろう。日本での意味とは全く違って、「後払いの賄賂《わいろ》」を意味する。現役の時は受け取りにくいだろうから、退官後に適当な名目を付けて……ということだ。

宋氏は法務法人とは別に、兵器メーカーの諮問《しもん》役も30カ月間務め、2億4000万ウォンを受け取っている。

さらに、13年7月には大宇《デウ》造船海運と諮問契約を結んだ。大宇造船海運は大赤字を垂れ流し、産業銀行（国策銀行）の管理下にあるが、軍艦建造部門だけは黒字だ。保守系紙の朝鮮日報（17年6月23日）が、「国防相候補は完全に武器ロビイスト」と指弾したのも当然だ。

まだある。中佐だった頃、飲酒運転で捕まったものの、同期の憲兵隊長に頼み込んで記録を抹殺したという疑惑だ。記録があれば昇進審査で問題になり、将軍にはなれなかっただろう。飲酒運転で捕まったことは本人も認めている。それなのに記録がないのは……疑惑は事実なのだろう。

三百代言の政権は、ここで面白い動きを見せた。「真相を究明しろ」と言ったのではない。「誰が機密事項を漏《も》らしたのか調査しろ」と命じたのだ。

文大統領は野党が猛反対するなか、「武器ロビイスト」を国防相に正式に任命した。

薄汚いブルジョア左翼たち

趙大熚《チヨデヨプ》雇用労働相（高麗《コリヨ》大学教授）は、飲酒運転で免許取り消しの前歴があった。三百代言は言った。「落ち込んだ学生を慰めるために飲んだ時のことだから……」と。

雇用労働相はベンチャー企業に参与しているが、その会社で賃金未払いが常態化していることも明らかになり、ついに指名を辞退した。少しだけ恥を知る人もいたわけだ。

文化体育観光相に就いた都鍾煥《トジョンファン》議員は飲酒運転こそなかったようだが、5年間に交通違反を62回も摘発されていた。「罰金は滞《とどこお》りなく支払われている」としても、もうビョーキではあるまいか。

憲法裁判所長に指名された金二洙《キムイス》氏は、「憲法裁判官のなかの最左翼」として有名な存在だ。彼について、東亜日報（17年6月12日）が特ダネ報道した。

「入手した資料によると、金氏は憲法裁判官に在職した12年9月から17年4月までの4年8カ月間で、特定業務経費として約2億9０００万ウォン、業務推進費として７１００万ウォンなど計約3億６１００万ウォンの経費を支出した」

「このうち法人カードで支出した2億１６００万ウォン（計７５５件）の使途を見ると、大半がレストランでの食事費に使われていた」

凄い胃袋の持ち主などと感心していてはいけない。韓国人なら別のことを考えるだろう。「飲食店から、どれぐらい現ナマのキックバックを受け取っているのか」と。

１９８３年、「野望の25時」というタイトルの連続テレビドラマが大ヒットした。私債（闇金）の大手業者夫婦が主人公で、夫が事あるごとに溜息交じりに言う台詞《せりふ》が「みんな泥棒です」。この言葉が大流行した。

ここで言う「泥棒」とは窃盗犯ではなく、「悪いことをしている人」の意味だ。文在寅政権の高官人事、その身体検査を見ていて、「みんな泥棒です」の台詞を思い出した。

任命された高官は大部分が文在寅氏の「お友達」であり、そのほとんどが薄汚い前歴を持った「ブルジョア左翼」なのだ。本当にスゴーい国だ。

15　お笑い「韓国型」

「劣化コピー」の代名詞

韓国人は「韓国型〇〇は……」と、力んで話す。韓国事情に通じた日本人は「韓国型」と聞いた途端に、笑いを堪《こら》えるのに苦労する。〇〇にはたいてい、重機械に属する物品名が入る。「韓国型重戦車」「韓国型高速鉄道」「韓国型クレーン車」といった具合に。

今回のテーマは「韓国型機動ヘリコプター」だ。

およそ「韓国型」とは、先進国のメーカーに頼み込んで技術移転をしてもらい、どうしても国産化できない部品は輸入して、韓国で組み立てた製品を意味する。

マスコミは技術移転の交渉段階から、「国産化に成功すると、経済効果は〇兆ウォン、雇用効果は〇万人、輸出額は〇〇〇億ドル」と喧伝《けんでん》する。

そして出来上がると、韓国のメーカーは「わが国の技術で造った国産」と言い、マスコミも一緒になって囃《はや》し立てる。だから、善良なる韓国人は「国産」と信じる。ところが、製造してしばらくすると不具合が出て、それを調べる過程で、重要部品は輸入品であることがバレる。それに連結した国産部品が不具合の原因であることが多い。つまり、「韓国型」とは「劣化コピー」の代名詞なのだ。

毎度毎度、同じことを繰り返しているのに、韓国人は飽きもしないで「このたび、国産化に成功した韓国型○○は……」と〝愛国節〟を唸《うな》って聞かせてくれるのだ。

数ある「韓国型○○」のなかでも、韓国型機動ヘリコプターは、韓国の韓国たる所以《ゆえん》をさまざま含む典型といえる。

運命を暗示する誤記

問題のヘリコプターは「スリオン」という名称だ。２０１３年３月、開発完了を伝える東亜日報（13年3月30日）を見よう。

「防衛事業庁は29日、06年から１兆３０００億ウォンを投入して韓国産の機動ヘリコプター（ＫＵＨ）スリオンの開発を完了したと発表した。スリオンは……世界的水準の最新鋭の機動ヘリだ」
誤解がないように述べておくが、防衛事業庁とは国防省の軍需品調達部門であり、スリオンを製造したのは防衛事業庁から発注を受けた国策企業の韓国航空宇宙産業（ＫＡＩ）だ。

東亜日報の記事は続く。

「これで韓国は世界で11番目のヘリ開発国になった。超音速高等訓練機のＴ－50、基本訓練機ＫＴ－１の開発に続き、ヘリの中核開発能力まで確保したことで、航空先進国水準の技術力を保有することになった」

愛国記者が舞い上がって記事を書く姿が浮かび上がってくるような筆致だ。

スリオンは同年５月に陸軍基地に配備された。その記念式典には、当時の朴槿恵《パククネ》大統領が出席した。中央日報（13年5月23日）が、その祝辞を伝えている。

「スリオンの戦力化は韓国の国防科学技術の優秀性を内外に立証する快挙で、今後、韓国軍の航空戦力強化と防衛産業輸出に大きく寄与することになるだろう」

大統領祝辞は続く。中央日報（日本語サイト）を忠実に再現すると……。

――朴大統領はまた、「修理オンの開発と生産を通じ、約12兆ウォンの産業波及効果と5

万人の雇用創出まで期待できる……」と強調した。

あれあれ、大統領閣下の御言葉なのに、スリオンが「修理オン」と誤記されている。

スリオンは公募で決まった名称であり、韓国語の「スリ」は「鷲《わし》」のことだ。「オン」は「すべての」という意味だ。

ところが、ハングルで「スリ」と書くと、同音異義に「修理」がある。翻訳ソフトに掛ければ「鷲」など滅多に使われる言葉ではないから、「修理」と表示される。スリオンは「修理オン」になってしまうのだ。あとは翻訳者が手作業で直していかなくてはならないが、なにせケンチャナヨの国だ。つい見落としたのだろう。

しかし「修理オン」とは、その後のスリオンの運命を暗示するような誤記だった。スリオンは、常に修理モードがＯＮなのだ。

この記事から４年余、念のため17年８月７日に中央日報の記事を検索してみると、訂正されることもなく「修理オン」の文字が載っていた。これまた韓国の韓国たる……だろう。

偽造・変造の性能証明書

基地への最初の配備から半年も経たない時だった。国防省傘下の国防技術品質院が発表した。

「最近3年間に納品された軍需品13万6844品目の部品と原資材類について、業者が提出した公認試験証明書を全数調査した結果、34社の業者125件の試験証明書が偽造、あるいは数値の書き換えなど変造されていた事実を摘発し、監査機関に告発措置した」と。

スリオンは、ワイパー組立体と補助動力装置の始動モーターの原資材に対する試験証明書が偽造・変造されていた。

国防技術品質院は、軍調達物資の品質管理を目的に1981年に設立されたが、試験証明書を全数調査したのはこの時が初めてだった。それまで何をしていたのか。これまた韓国の韓国たる……だ。

それから1年後、さらに衝撃の報道が出た。

KAIが包括的な技術移転を求めた先は、仏エアバスヘリコプター社だ。KAIは動力（減速）伝達装置の製造会社をS&T重工業に選定し、エアバスヘリ社とS&T重工業は別途の技術移転契約を締結した。

S&T重工業が動力伝達装置を製造し、KAIが組み立てて「国産スリオン」が大空を飛んでいる――と、善良なる国民は信じていた。

ところが、14年12月13日の中央日報が監査院（日本の会計検査院に該当）の調査を引用して、「動力伝達装置が国産化されていなかった」「依然として核心部品全量を海外企業に依存している」と報じたのだ。

記事によると、動力伝達装置を構成する４５０の部品のうち、技術移転を受けて国産化するのは１３４部品に過ぎなかった。その１３４部品は、一つもエアバスヘリ社に納品できなかったという。

「技術移転を受けて」と言えば聞こえは悪くないが、要は金を払って設計図と製造マニュアル書をもらうことだ。国が投じた開発費のほとんどは、実は技術移転費だったのだろう。

どうやら、動力伝達装置そのものの組み立ても、S&T重工業ではなくエアバスヘリ社がする。その際、S&T重工業が造った１３４の部品を購入して使う契約だった。ところが、１３４の部品すべてがエアバスヘリ社の検査を通らなかった――この記事は、そう読むべきなのだろう。

工学系の人なら常識だろうが、高度な部品は設計図と製造マニュアル書をもらって説明を受けたところで、それをこなすだけの自前の技術の蓄積がない限り、劣化コピーしか造れない。

搭乗を拒否する将校・下士官が次々と

「国内技術による国産ヘリコプター」とは大嘘だったことが明らかになってもKAIが一向にめげないところは、日本企業が大いに学ぶべき点かもしれない。

KAIは15年6月、「世界で初めて民・軍用ヘリコプター同時開発に着手する」と打ち上げた。汎用部品を開発してそのまま民需用ヘリを製造し、一部だけ別の部品を用いて軍用ヘリにする構想だ。

本筋とは離れるが、ちょうど、この構想が出た頃のことだ。

私は「韓国の空軍事情に極めて詳しい」という航空自衛隊幹部の講演を聴いた。

「韓国にはKAIという素晴らしい飛行機メーカーがあり……」

「KAIで製造しているスリオンというヘリコプターは素晴らしい性能で……」

「KAIの河《ハ》成龍《ソンヨン》社長はたいへん優秀な方で……」

すでに日本の軍事オタクの間では、「スリオンは燃料タンクまで輸入品」「輸入部品と輸入部品を繋ぐ国産部品が悪いので、性能はガタガタ」といった話が出回っていた。

わが耳を疑いながら講演を聴いた。わが空自の「一般的」情報収集能力は大丈夫なのだろうか。

民・軍用ヘリコプター同時開発構想が具体化する前、軍に50機ほどが納入されたところで、またまた衝撃の事実が明らかになった。

機体のフレームに亀裂が生じ、ヘリコプターの前面であるウインドシールドがヒビ割れする事故が、13年から発生していたというのだ。軍当局は事実を隠蔽《いんぺい》してきたが、搭乗を拒否する将校・下士官が次々と現れ、隠しきれなくなったようだ。

フレームの亀裂は、振動吸収装置をリベット（締めつけ部品）で接続した部分から発しているという。防衛事業庁の関係者は、「開発当時に、その部分が影響を受ける可能性があると考え、補強材を設置した」と述べたが、それでもダメだったのだ。

「エアバスヘリコプターのせいだ」との言葉がまったく出てこないのは、振動吸収装置は韓国製であり、その取り付け・補強もＫＡＩが行ったためだろう。

米国で不合格判定

ウインドシールドのヒビ割れは、単にヒビが入るだけでなく、ウインドシールドそのものが吹き飛ぶ事例もあったとされる。だからこそ、搭乗拒否騒動も起きたのだろう。

驚くべきは、軍当局がフレームの亀裂、ウインドシールドのヒビ割れとも「安全飛行に問題ない」との立場を繰り返したことだ。

防衛事業庁は13年2月、スリオンがアラスカでの試験飛行を終えた直後、「低温飛行試験の時に零下40℃で12時間以上機体を露出したあと、振動、荷重などすべての試験項目を検証した結果、低温運用能力に何の問題もないことを確認した」「悪条件と危険を押し切ってまで、どの国も達成しなかった成功的な試験を完了した」とＰＲした。

が、韓国メディア、イーデイリー（16年5月9日）はウインドシールドの破損について、「上空を飛行する過程で、低温に耐えられずに発生した欠陥であることが分かった」と述べている。

スリオンは15年10月から16年3月まで、米国ミシガン州で「機体結氷テスト」を受けた。アラスカでの試験飛行とは別のテストだ。その結果がまた衝撃だった。

「エンジン空気吸入口などで着氷問題が見つかった。許容値の１００グラムを超過する氷がエンジンに張り付いた。スリオンのエンジンを製作したＧＥは、これだけの氷がエンジンに吸い込まれればエンジンの翼（エアフォイル）を破損させる畏《おそ》れがあると説明した」（中央日報16年9月23日）

エンジンも韓国製ではなかったことをサラリと述べているのがとても面白いが、事は重大。「不合格判定」だったのだ。その判定は7月に出た。101項目のうち29項目が基準を満たせなかったのだが、防衛事業庁は公表しなかった。

陸軍本部が使っているスリオンの使用教範には、前から「着氷が起きた場合には速やかに該当地域を離脱せよ」という内容が記されていたそうだが、15年12月に起きたスリオンの不時着事故は着氷が原因ではないかと疑われている。

それでもKAIはめげない。

「冬が格別寒いわけでもなく、乾燥した朝鮮半島でのスリオン運用には問題ない」

「冬のない東南アジアや中東などには販売することができる」と頑張った。

しかし、国防省がスリオンの納品を受け付けない措置を取った。

この騒ぎのなかで、優秀な経営者に贈られる茶山経営賞の授賞式典が行われた。選ばれた経営者は驚くなかれ、KAIの河成龍社長だった。きっと受賞そのものは前から決まっていて、授賞式典が遅れて開かれたのだろうが、河成龍氏は受賞辞退などしなかった。

そればかりか、「我々の手で開発した国産訓練機と攻撃機、ヘリコプターのスリオンは大韓民国の空軍と陸軍で戦力化され、自主国防力の向上に大きく寄与している」と挨拶したのだ。

この鉄面皮《てつめんぴ》ぶり。韓国人の韓国人たる……だろうか。

16年12月、KAIは「18年6月まで補完する」という計画書を提出し、納入が再開された。

お決まり、汚職捜査へ

しかし、文在寅《ムンジェイン》政権の発足から2カ月、監査院は納品再開を決めた過程が釈然としないとして、検察に防衛事業庁の張明鎮《チャンミョンジン》庁長を業務上背任の疑いで捜査するよう要請した。

監査院の調査は、「飛行の安全に致命的なエンジンおよび機体設計の欠陥があり、そのうえ機体内部に雨水が流入する」（東亜日報17年7月16日）と指摘している。雨漏りヘリコプターとは、さすが韓国型だ。

張明鎮庁長は国防省傘下の国防科学研究所の研究員から突如、防衛事業庁長に抜擢《ばってき》された。なぜだと思っていたら、検察への捜査要請とともに韓国紙が一斉に書いた。「朴槿恵氏の大学の同級生だった」と。

捜査の手は、河成龍社長にも及んでいる。下請けメーカーから部品を高く購入してキックバックを受け取っていた容疑だ。彼はＫＡＩを一度退社したのち、朴槿恵政権で突如、社長になった。夫人は朴槿恵氏の遠縁に当たるという。

事件そのものとは離れて、「朴槿恵いじめ」の悪乗りが始まった感じもする。下手な語呂合わせをすると、こうなる。

スリオンと掛けて何と解く。「解（ＫＡＩ）　鷲のすべては鷺《さぎ》（詐欺）」だった。

第4章

「亡国」の風景

16　花を愛でる心なし

日本原産の樹木は切り倒せ

韓国ソウルにある4・19墓地は、李承晩《イスンマン》政権を倒した暴動（韓国では「学生革命」と呼んでいる）の犠牲者を祀《まつ》っている。毎年4月19日には政界要人が献花に訪れる。

05年のその日、野党ハンナラ党の党首だった朴槿恵《パククネ》氏が献花した。そのあとに墓地に到着した左翼団体の役員は「朴槿恵」の名札がついた花輪を見るや、蹴飛ばして足で踏みにじった。彼に同行してきた左翼系の神父、牧師、僧侶は「よくやった」と快哉《かいさい》を叫んだ。日本人には、どうにも信じがたい光景だ。

東亜日報（14年2月28日）に、「韓国から花が消える」と題する首席論説委員のコラムが載った。

「05年から13年の間に、韓国の国民所得は45％伸びたが、花の購入額は20％減った」
「花の消費は、国民所得に比例するというのが定説だが、韓国では通じない」
「激しい政争、殺伐《さつばつ》な世の中も、花が消える現象と関係があるのかもしれない」
というのが、その骨子だ。

世界の定説が、韓国では通じない。「花を愛《め》でる心」を持った人の比率が低い点で、韓国は〝普通の国〟ではないのだ。

花輪の主がケシカランからと、何の罪もない花を踏みにじって快哉を叫ぶ層は次第に肥大化して、いまや政権を握っている。

そんな国であれば、「日帝が植えた木だから切り倒せ」だけでなく、「この木は日本原産だから切り倒せ」と叫ぶ〝市民運動〟が闊歩《かっぽ》するのも当然なのかもしれない。

「金松」って何だ？

戦後のソウルや鎮海《チネ》では、日本人が音頭を取って植えられた桜が次々に切り倒された。ほとんどはオンドルの燃料になったのだろう。

日本が戦前、ワシントンに贈った桜の木を、戦時中に米国人が切り倒しただろうか。桜のお返しに米国から贈られてきたハナミズキを、米国の空襲を受けた日本人が切り倒しただろうか。

戦後の韓国では「日帝残滓《ざんし》一掃」の運動が様々な分野に広がり、いまも飽きることなく続いているが、日本の樹木に関しては長いこと静かだった。

それに再び火を付けたのは、国営KBS放送だった。10年のことだ。忠清南道牙山市《チユンチヨンナムドアサン》にある李舜臣《イスンシン》を祀った顕忠祠《ヒヨンチユンサ》の本殿前に、「日王（筆者注＝天皇のこと）の象徴として日本国内で広く使われる〝金松《クムソン》〟が植えられている」のは問題だと報じたのだ。

この報道を受けて、「文化財、元の場所探し」と名乗る団体が、「〝金松〟を他の場所に移植しろ」と、顕忠祠を管理する文化財委員会を相手に訴訟を起こした。

「文化財、元の場所探し」を率いるのは、慧門《ヘムン》という僧侶（現在は還俗《げんぞく》している）。海外、とりわけ日本にある半島由来の文化財を取り戻す運動のリーダーだ。

なぜ、そんな団体が、本殿前の樹木の移植要求まで掲げたのかは、よく分からない。

しかし、もっと分からないのは〝金松〟だ。そんな種類の松があり、天皇の象徴として使われている事実があるのか。

宮内庁に問い合わせてみた。ホームページにある問い合わせタブからメールを送ったのだが、３週間しても返答がない。あぁ、ノロマで無能な職員に囲まれた陛下は、さぞご苦労が多いことだろう。

問い合わせに並行して、自分でも調べた。ネットで韓国の斗山《ドゥサン》百科を見た。まず「クムソン　キンセンカ」とあったから、ビックリだ。

説明を見ると、

「高さ15～40メートル、直径１・５メートル。木の皮は薄くて濃厚な赤色を帯びた茶色」

「日本特産種であり、庭園樹としてたくさん植えられる」

「材木は水に耐える力が強くて建築材・家具材などに使う」

「キンセンカという名前は、日本で間違って付けた漢字の名前から始まった」

日本原産の木に、日本が間違って「金盞花《きんせんか》」との名前を付けた？　金盞花は高さ40メートルにもなる!?　突っ込みどころ満載というのか。よほどの頭脳の持ち主でないと理解できない。それでも「学名は *Sciadopitys verticillata*」とあった。

学名を頼りに再びネットを見ると、「高野槇《こうやまき》」（別名、本槇《ほんまき》）だった。太古の昔はアメリカにもヨーロッパにも生えていたそうだから、日本原産というわけではない。

「秋篠宮家の悠仁《ひさひと》親王のお印」になっているそうだが、「天皇の象徴」ではないようだ。

韓国の裁判所は「金松の位置移転のような特定の行為を他人に要求できる法的根拠がない」として却下したが、この訴訟が「日本産樹木の移植あるいは切り倒し」運動を盛り上げた。

朴も李も半島原産ではない

11年には、東海岸の名勝地である大王巌《テワンアム》の見事な松林を切り倒せと主張するグループが現れた。大王巌は、新羅《しらぎ》の文武大王《ムンムデワン》が葬られた場所であり、大王は死後、「護国の龍」になったとする俗伝がある。

そこが名勝地であるのは俗伝のためではなく、1万5000本もの松林による景観のためだ。

ところがグループは、「松は日帝が軍事施設を隠すために植えた」「日帝は大王巌に宿った護国龍の意欲を失わせるため、すなわち民族の精気を抹殺するために松を移植した」と主張した。

日本でいうと、皇道派右翼の神がかった主張に似ているが、彼らからすれば、ともかく大声を上げてマスコミに取り上げられることが、反日のためには重要なのだ。彼らの主張も左翼メディアが採り上げた。

同年11月には、忠清南道公州《コンジュ》市が観光用に造成した伝統家屋村（韓国語では韓屋村《ハノクマウル》）に市議がケチを付けた。

韓屋なのに韓国産の松ではなく日本産の高価な集成材を使用したのは許せない、と。思惑どおり、中央日報（11年11月30日）が市議の怒りを伝えたが、韓国では良質の集積材も国産できないのだ。

盛り上がってきたところで、あの慧門僧侶が再び登場する。

今度は、李舜臣を祀った顕忠祠ではなく、国立ソウル顕忠院《ヒヨンチユンウオン》つまり国立墓地の植生についてだった。

ソウル顕忠院の植栽現況は、「警察忠魂塔と愛国志士墓地、大統領墓地の並木にカイヅカイブキ846本、ノムラカエデ243本、ヒノキ431本、日本モクレン7本など、合計1527本の日本原産の木が植えられている」（ハンギョレ新聞13年6月7日）という。

これに対して、同僧侶は「日本産樹木の大量植栽は顕忠院の建設趣旨から深刻に外れるだけでなく、大韓民国の正統性に累を及ぼすことだ。腑抜《ふぬ》けた時代の醜い自画像を直さなければならない」「民族精神を整えるために日本樹種を除去して、私たちの伝統樹種を中心に植栽してほしい」などと要求した。

さらに、「無知に基づいたことかもしれないが、わが国の公務員は史跡地と国家重要施設に習慣的に日本原産木を植える傾向がある。直さなければならない」と説教を垂れた。

今度は裁判所には行かなかった。顕忠院が早々に「不適切だという指摘があったからには入れ替えを検討する」と表明したからだ。

ほどなく国会に、国立顕忠院の日本原産樹種の植え替えを求める請願が提出され、賛成１８６、反対３の圧倒的多数で採択された。

この時に明らかにされた数字では、ソウルと大田《テジョン》の国立顕忠院に植えられている日本原産樹木は、カイヅカイブキ、ノムラモミジ、サワラ、ホオノキなど15種１万８６００本に達する。

ホオノキは漢字で「朴」と書くから、私は朝鮮半島原産だとばかり思っていたのだが……。そういえば「李」（スモモ）も半島原産ではなかった。

そうした悔しさこそ「日本産樹木を切り倒せ」運動の底流にあるのだろう。「この見事な立木が、半島原産でないどころか日本原産とは許せない」といった思いが……。

脱却不可の根源的思い違い

15年4月には、ある国会議員が前年に韓国で街路樹として植えられた樹種は、「日本の国花である桜」が23・5％にもなるのに「わが国花であるムクゲ」は5・6％にすぎない、との事実を取り上げて文句を言い始めた（亜州ニュース15年4月2日）。

念のために述べておくが、桜は日本の国花ではない。日本は国花を法定していない。ムクゲも韓国の国花として法定されているわけではない。戦後、桜を切り倒しておいて、今度は桜を植えているのだ。

これは、「桜は日本原産だと言われてきたが、済州島《チェジュド》が原産地だった」とする〝根源的思い違い〟が韓国に広がったからだ。

これまた面倒くさい話になるが、韓国人一般には「桜＝染井吉野《ソメイヨシノ》＝済州島の王桜《ワンポンナム》」という〝根源的な思い込み〟がある。

翻訳ソフトで「ソメイヨシノ」を韓国語訳すると「ワンポンナム」になることも、彼らからすれば〝根源的な思い込み〟が正しいことの証拠だ。

だから「王桜のＤＮＡを調べた結果、済州島が原産地と分かった」とのニュースが流れるや、染井吉野を含む桜すべてが「わが国が原産地」になってしまった。「良い物は何でも半島起源論」（ウリジナル）の一つだ。

もちろんのことだが、染井吉野は交配種であり、王桜は自生種なので、両者は別物だ。韓国人が、日本人に仕掛けてくる論争が科学や史料とは無縁の〝根源的思い違い〟と〝根源的思い込み〟を背後に持つことは、樹木に限らない。〝根源的思い違い〟と〝根源的思い込み〟が国民レベルに達すると、もういくら証拠を突き付けられても、聞く耳持たずの状況になる。

花の購入額ますます減少

上記の議員はきっと、「済州島原産であれ、現に日本の国花になっている桜」がムクゲの4倍も植えられたことに怒り心頭なのだろう。しかし、ムクゲも実は半島原産ではないのだから吹き出してしまう。

しかし、もはや「日本原産の樹木を切り倒せ」の勢いを止めることはできなくなった。16年8月には、太白山《テベクサン》国立公園事務所が自ら「民族の霊山である太白山が国立公園に指定されているのに、日本原産の樹木が大量棲息《せいそく》するのは問題だ」として、太白山一帯の日本イプカラム50万株を伐採して、クヌギ類や松など土地産の木に変えるとの方針を明らかにした。

日本イプカラムとは、朝鮮カラマツのことだ。

つまり、半島では「日本」イプカラムと呼ばれ、日本では「朝鮮」カラマツと呼ばれている。半島では、国立公園事務所の職員たちまで、「日本」の名が付いているのだから「日本原産」と〝根源的思い込み〟をしているようだが、原産地は満州らしい。

それはさておき、韓国のネットに書き込まれた反応に面白いものがあった。

「韓国の山林は、山林庁の山林経営計画によって体系的に管理されている」と始まり、山林庁の「木材伐期齢表」を提示して、太白山の日本イプカラムがちょうど「伐期」を迎えつつあることを説明しているのだ。

もしかしたら、太白山国立公園事務所は、日本イプカラムが「伐期」を迎えることに悪乗りして、「民族の霊山に……日本原産の樹木が大量棲息」といった反日の台詞《せりふ》をマスコミに売り込んだのではあるまいか。

「木材伐期齢表」に従って伐採したのでは、何の手柄にもならない。しかし、「日本原産の樹木だから」との理由を付けて伐採すれば、「反日＝愛国的な職員」として、上の覚えがグンとアップするのは確実だろうから。

17年3月には、国家記録院に所属する釜山記録館が、敷地内にあったカイヅカイブキ12本を海軍基地に移し、海軍は防風林として利用すると発表した。

その理由がすごい。

釜山記録館の報道担当は、日帝によりカイヅカイブキが各地で植樹され、帝国の隆盛を表すものとみなされていたとして、「われわれの魂を抑圧するため、日本人の植民地支配者らによって国内各地に植えられた木々を放置することは不適切であり、移し替えることに決めた」と述べた（AFP時事17年3月9日）というのだ。

これまた、突っ込みどころ満載だ。

国会で「日本原産樹種の植え替えを求める請願」が採択された時、公共機関は敷地を見渡して一挙に切り倒してしまえばよかったろうに、なぜこれまで放置していたのだ。そんな悪木を海軍が防風林として利用するとは大問題ではないのか。

AFP電の末尾に「ただ、釜山記録館のカイヅカイブキは、1980年代に植えられたものだという」とあるのを見て、また吹き出してしまった。

冒頭に紹介した東亜日報の記事には、13年の国民一人当たりの花の購入額は1万540

0ウォンとあった。ところが、中央日報（16年12月26日）に載った「花を多く消費する国が幸福指数も高い」というタイトルの寄稿文によると、（おそらく14年か15年の数値だろうが）1万4000ウォン程度とある。

執筆者は農水産食品流通公社の理事で、草花や観葉植物をもっと身近な存在にしようと呼びかける内容だが、購入額は13年よりもさらに減っているのだ。

あぁ、「花を愛でる心」がない国民たち、幸せにはなれまいよ。

17　醜聞まみれの仏教界

窃盗団に僧侶が

立って手を合わせて拝んでいたと思ったら、突然、屈《かが》みこんで拝む。また立ち上がって、また屈みこみ……初めて韓国の仏寺に行った時、大勢の人々がそうした拝み方をしているのを見て、「韓国の仏教は日本の仏教とは違うのかもしれない」と思った。この直感は当たっていたようだ。

「対馬《つしま》の仏像盗難事件」といえば、12年10月に発生した海神《かいじん》神社の銅造如来立像と観音寺《かんのんじ》の観世音《かんぜおん》菩薩坐像が有名だ。観音寺の仏像については、韓国の裁判所が「（日本が）この仏像を正当な方法で取得したことを証明できるまで、韓国政府は日本に返す、返さないの意思決定をしてはならない」との判断を示し、いまだに戻ってこない。

これが日韓の「外交問題」になっているなかで、14年11月にも事件があった。韓国人窃盗団が対馬の梅林寺《ばいりんじ》から仏像や経典を盗んだのだが、一味は対馬の税関で逮捕され、事なきを得た。それで日本人の記憶からはほとんど消えてしまったが、しっかりと覚えておいてもらいたいことがある。

この一味のなかに僧侶がいたことだ。彼は「どうしても、あの仏典がほしい」といった〝宗教的な欲望〟や、「どうせ倭寇《わこう》が盗んだものだから取り戻す」といった〝愛国心〟から一味に加わったのではない。「日本の仏像や経典は金になるから」と一味は供述している。僧侶には2審で懲役5年の判決が下った。

韓国の仏僧とはいかなる存在なのか。

高僧の徹夜賭博が盗撮され

韓国の仏教は、禅宗の系列である曹渓宗《チョゲヂョン》が圧倒的な比率を占める。寺の数で見たら９割だ。その執行部代表に当たる総務院長が05年４月、一連の不祥事に関する「お詫びの記者会見」を開き、「宗派自浄宣言」を読み上げた。

一連の不祥事とは、①元僧侶による28億９０００万ウォン相当の窃盗事件②仏国寺《ブルククサ》が僧侶のためのゴルフ練習場を境内《けいだい》に不法造成③華厳寺《ファオムサ》の前住職による国庫補助金横領④仏教中央博物館の内装費用の水増し計上⑤系列大学での経理不正疑惑⑥某寺住職の海外での賭博と外為管理法違反――などだ。

それから7年後の12年5月9日、曹渓宗にまた大衝撃が走った。「宗派自浄宣言」に沿って組織された「自省と刷新決死推進本部」の主催により、「一千日精進決死行動」が始まってから2カ月ほどのことだった。

曹渓宗から僧籍剝奪の処分を受けている性虎《ソンホ》という凄い名前の僧侶が、曹渓宗の本山である曹渓寺《チョゲサ》の住職を含む高僧8人が全羅南道《チョルラナムド》にある名刹《めいさつ》・白羊寺《ペギャンサ》の近くの観光ホテルで、酒を飲みながら徹夜で博打《ばくち》をしたとして徹底捜査と厳罰を求める告発状を地検に提出したのだ。

総務院執行部は直ちに全員辞職した。事実であることを承知していたからだろう。同時に、セットしていた隠しカメラで賭博の一部始終を盗撮した動画が公開された。高僧8人は、白羊寺の前住職の49日の法要のため前日にホテルに入り、朝9時15分まで博打を続け、10時に法要に参席していた。動画には時刻が刻印されており、5万ウォン札がやりとりされる様が克明に映っていた。

性虎僧侶は5月15日にはラジオ番組に出演して、「すでに崩壊している曹渓宗と、国民と信者を欺《あざむ》く執行部に対して厳しい鉄槌《てっつい》を下し、曹渓宗を立て直すための真理の刃だ」と盗撮の動機を語った。

さらに暴露した。

「曹渓宗の高僧らはルームサロン（筆者注＝洋風妓生《キーセン》ハウス）に出入りし、買春している」「元老の高僧たちには隠された妻だけでなく、戸籍上の妻もいる」（曹渓宗は妻帯禁止）「宗会委員や宗策集団の集会だと、賭博でやりとりされる額はもっと巨額だ。マスコミが知らないだけで、彼らのなかにはフィリピンやマカオ、ラスベガスなどで数百億ウォンを一度に失った僧侶もいる」

性虎僧侶が僧籍剥奪処分を受けたのは、総務院長の経歴詐称疑惑を指摘し、総務院長ポストの当選無効を主張する訴訟を起こしたことによる。宗門の権力闘争なのだ。

ラジオ放送が終わるや、今度は曹渓宗側が「性虎」攻撃に乗り出した。

バクチ打ちと暴力団の世界

僧籍剥奪者につき、だろう。「僧名を使わず俗名を使う。除籍者チョン・ハンヨンは……」と。かつて日本共産党を除名された袴田里見氏（元副委員長）に対する共産党の発表を思い出してしまった。

「除籍者チョン・ハンヨンは……04年12月のある日、夜11時頃、寺の建物のなかで尼僧《にそう》に対して性的暴行を加えようとしたが、被害者の尼僧とその母親（尼僧が所属していた寺の施主）が抵抗したため、2人を押し倒して暴行した。この事件で母親は障害を患い、6年間の闘病後に死去し、尼僧も小腸が破裂して手術を受け、いまも後遺症に苦しんでいる」

「除籍者チョン・ハンヨンは……寺の公金を使ってリンカーンLSやフォード・エスケープなどの高級外車を購入し、私的に乗り回している」

「住持を解任された寺を取り戻すと叫びながら、寺のなかにいた職員をドライバーで刺し、また寺のなかにあった器物を破壊したとして、暴行傷害の容疑でいまも全州《チョンジュ》地裁において裁判が行われている」

「住持だった当時、金塘寺《クムダンサ》（全羅北道《チョルラブクト》鎮安《チナン》郡）の文化財関連資料を持ち出して換金し、これを使い込んだ容疑についても全州地検が捜査を行っている」

賭博事件から10カ月後、曹渓寺があるソウル仁寺洞《インサドン》の飲食店で暴力事件が発生した。

被害者は、賭博事件を最初に報道した仏教系インターネット放送の代表者。加害者は賭博に加わっていた僧だ。被害者は奥歯４本がグラグラになって抜歯し、血尿が出て入院したという。まさに、バクチ打ちと暴力団の世界の話だ。韓国の僧侶とは、こんな手合いばかりなのだろうか。

高麗《こうらい》時代、仏教は国教だった。しかし、両班《ヤンバン》の素養はすでに儒学が中心だった。仏教は王室に取り入って王室を操り、国政を滅茶苦茶にした。

クーデターにより成立した李王朝が儒教を国教にして廃仏政策を採ったのは、そうした経緯からすれば自然の流れだった。

町中の寺は破壊され、僧は賤民《チョンミン》の階級に落とされた。世宗《セジョン》6年（１４２４年）の仏教弾圧では、山岳部にある36寺のみ存続が認められた。

しかし、李王朝の廃仏は不徹底だった。時に仏教に好意を持つ王や王妃が現れ、寄進したり、廃寺の復活が黙認されたりすることもあった。

儒教（朱子学）は両班が支配することの正当性の材料ではあっても、庶民の宗教にはなりえない。仏教の信者は、賤民の僧に食料や金を恵んだ。山寺は広大な土地を持っていたから、そこを農民に貸して賃料も得ていた。仏寺が続いてきた理由だ。

しかし、朝鮮半島の仏教は李王朝５００余年の間に大きく変質した。僧は妻帯禁止だから息子が後継者になることはない。

では、どうしたのか。孤児を寺に集めてきて説教を聞かせ、仏事を手ほどきして僧に仕立てたのだ。借金から逃れるため、あるいは犯罪人が寺に逃げ込み、僧になることもあった。

もちろん、なかには仏心に目覚め、漢字を学び、高僧への道を歩んだ人材もいただろう。が、多くは経文に書かれていることの意味も理解できないまま僧になったのだ。

両班の葬儀は、儒教と土俗信仰が融合した形式だったという。少なくとも廃仏政策のなかで、仏教で葬儀をする両班・中人《チユンイン》はいない。常民《サンミン》、奴婢《ノビ》のほとんどは葬儀もなく、近くの山に埋めるだけだったとされる。

日本では「葬式仏教」というが、朝鮮半島では葬儀とほとんど関係しない仏教になった。経を唱えて仏像を拝めば良いことがある、という簡単な教えの宗教だ。

罰あたりな修行僧

こういう背景を踏まえて、英国の女性旅行家イザベラ・バードの『朝鮮紀行』(時岡敬子訳、講談社学術文庫)を読むと面白い。

イザベラ・バードが朝鮮を訪れたのは、1894年から1897年にかけて4度に及ぶ。1897年は大韓帝国が発足した年だから、まさに移行期の半島だ。

すでにカトリックもプロテスタントも布教が認められ、仏教も黙認状態になっていた。バードはキリスト教に対する朝鮮人一般の姿勢について、こう書いている。

「外国人からもたらされた宗教をいそいそと受け入れる国だという考えは捨てるべきである。朝鮮人の受け入れる宗教は、努力せずに金を得る方法を教えてくれる宗教である」

「孔子の道徳的な教えはどの階級にたいしてもたいした影響を及ぼしていない」とも。

そして、金剛山《クムガンサン》の長安寺《チャンアンサ》を訪れた部分では、朝鮮の仏教について書いている（筆者注＝以下、訳本にはない改行を加えている）。

「たとえば門徒のような日本の大きな仏教改革の特色である、正義を求める崇高な目的や向上心はなにもみられない」

「修行僧たちはひどく無学で迷信深い。みずから信仰している宗教の歴史や教義についてほとんどなにも知らない。経文の意味についてもそれは同じで、彼らの大半にとってはお経もたんなる『文字』にすぎず、たえず繰り返せば『メリット』のあるものにすぎないのである」

「大半の修行僧から私が受けた印象は、彼らはなんの意味もなく宗教的な儀式や作業を行っており、何人かの例外をのぞいて、信仰を持っていないというものであった」

「朝鮮人は一般に僧をはなはだしい放蕩《ほうとう》者だと考えており、たしかに大きな寺院のひとつではそんな僧もいると気づかずにはいられなかった」

「住職たちは修行僧のなかにも正義の探求者どころか罰あたりな生活を送っている者がいることを認めた」

末寺の住職になるにも金が

戦後の韓国では、教会を開けば米軍の援助物資を配給する役（もちろん、くすねる）になれる、教会の信徒になれば援助物資を優先的にもらえると分かると、にわかにキリスト教の教会が建てられて信徒が急増した。

李王朝の身分制度が廃止され、仏僧が賤民ではなくなれば、孤児を集めなくても進んで寺に入る放蕩者も増えたことだろう。李王朝時代のように托鉢《たくはつ》などしなくても、悩める（きっと、努力をしないで金を儲けたいと悩む）信者からドンドン寄進があるのだから。

ソウル江南《カンナム》にあり、金持ちの信者が多いことで有名な奉恩寺《ポンウンサ》の15年一般会計の収入は、

２１０億８７００万ウォンだったと公表された。もとより、裏会計がいくらあるのかは分からない。

曹渓宗の宗団刷新委員会は13年６月、出家した修行者の生活規範である「清規《しんぎ》」の草案を公表した。

「寺の共有物を私的に消費・贈与することがあってはならない」と、わざわざ書いてあるのに笑ってしまう。

「長く僧侶を務めていても、３０００ccクラスの乗用車に乗るのは本寺の住職、院長など重要な役職に限られる」とも。

韓国の仏僧とは、たいへんに金持ちの集団なのだ。

しかし、韓国の仏僧からすれば、もっともっと大金が必要なのだ。

「本寺、末寺の住職に就くために金を集めなければならず、地位を買ったあとはまた金を集める悪循環が反復されている」と、東亜日報（12年５月12日）は曹渓宗関係者の発言を伝えている。

地位に就くためには金。地位に就いたら阿漕《あこぎ》な手法で金を集め、さらに上の地位を買う。

李王朝の両班が育ててきた文化であり、その手法は韓国の政官界はもとより、民間の財閥、さらには大学・教育界にまで及んでいる。東亜日報の報道は、韓国では当たり前すぎる文化に仏教界も染まり切っていることを確認しただけのことだ。

ハーバード大学を卒業してから韓国に来て、曹渓宗で修行していた青い目の僧侶が16年夏、「祈福＝$。本当に悲しいことだ……」とのコメントを残して韓国を去った。慰めの言葉は、「ハーバード大学まで出たというのに、事前調査が足りなかったのだね」しかあるまい。

曹渓宗の〝真の顔〟

韓国政府が10年ごとに実施している宗教分布調査によると、韓国の仏教信者の比率が、95年23・2％、05年22・8％、15年15・5％と落ち込んでいるのも当然だろう。

バクチ打ちと暴力団が牛耳《ぎゅうじ》るような宗教団体である曹渓宗は、元慰安婦と称する老女の合宿所とも呼ぶべき「ナヌムの家」の運営に関与している。その目的が「人道主義」であると、どうして信じられようか。

むしろ、ナヌムの家の園長を務めていた曹渓宗の僧侶が、女性職員に1月に2、3回の割合で性交渉を強要していたことが明るみに出た事件のほうが、曹渓宗の〝真の顔〟に近いのではあるまいか。

日本と韓国の仏教界交流では、日本側が述べた祝辞に対して、韓国側が「歪曲《わいきょく》史観に基づく」として、国技たる〝取り消し・謝罪〟の要求に出た。日本側はまともな反論もしないまま、すでに読み上げた祝辞を取り消してしまったことがある。日本の仏教界は、曹渓宗よりもお粗末なのかもしれない。

18 手抜き＋中抜きで

新築マンションで受けた衝撃

不動産屋の案内で、ソウルの新築マンションに初めて足を踏み入れた時の衝撃は忘れられない。床が波打っている。天井も波打っている。キッチンのドアがピタリと閉まらない。クローゼットのドアの一つは半分しか開かない。壁紙は角の部分が浮き上がっている。

しかし不動産屋は言った。

「どうです、良いマンションでしょ」

クローゼットのドアの件を問うと、不動産屋は答えた。

「奥のほうは滅多に使わない物を入れておくわけですから、ケンチャナヨ」

韓国語のケンチャナヨは様々な意味を持つ。概して「不正を許容する」意味であり、この場合なら「そんなこと、かまわんでしょう」といった感じだ。

韓国では、額《ひたい》に汗をする仕事が蔑《さげす》まれていることは、本書ですでに何度も触れてきた。給料も安いし、社会的地位も低い。だから、その仕事をしている人間も自らの仕事に誇りを持たない。ちょっとでも給与が良い職場があれば、全然違う職種であれ、すぐに転職する。

だから年季《ねんき》の入った職人が育たない。壁紙をピッタリ張れる経師《きょうじ》の職人がいない。工場から運ばれてきたドアの滑り具合を調整してから取り付けるような大工もいない。

しかし、ユーザーのほうもそれで「ケンチャナヨ」だから、出来具合にどこまでも拘《こだわ》るような職人気質はますます育たない。

冒頭の話は1980年代初頭のことだが、以来40年近く経っても、韓国の住宅の「内部の品質」は改善していない。もちろん、建設資材のほとんどは工場生産品になった。しかし、歪《ゆが》んだ床にシステムキッチンを据《す》えて、位置がズレている排水口に排水パイプを無理やり押し込んで「ケンチャナヨ」といった施工だから、傷《いた》みが現れるのは早い。

こうした雑な施工の前に、韓国には昔からの病気がある。中抜きと手抜きだ。

中抜きは、鉄筋で頻発する。トラックの運転手が、現場に着く前に鉄筋の一部を売って懐に入れてしまう。現場に着くと、元請けの現場所長や下請けの現場監督が、また横流しをして懐に入れる。彼らからすれば「当たり前の役得」のようなものだ。

だから新聞記事になるのは、よほど悪質な事例が摘発された時だけ。

欠陥トンネルは通行中か

朝鮮日報（14年10月10日）の「トンネル工事水増し請求、建設12社の社員を摘発」を紹介しよう。

トンネルの崩壊を防ぐための鉄筋棒「ロックボルト」を設計図どおりに使わずに横流しして懐に入れていたのだが、ある土建会社の現場所長は、トンネルのある区間に「4万6197本入れることになっていたロックボルトを実際には2万1173本しか入れずに施工し、施工費など16億1350万ウォンあまりを詐取した」というのだから半端でない。

記事は続く。

「道路公社が発注し、10年以降に着工した121のトンネルに対して検察が全数調査を行った結果、全体の64％に達する78のトンネルでロックボルトが設計数量よりも少なく使われていることが確認された」

つまり、６割以上のトンネルで中抜きが行われていたというのだ。であるならば、韓国中のトンネルで補修工事、あるいはやり直し工事が行われているはずだが、不思議なことに、そんな報道はどうしても捜し得ない。まさか、そのままケンチャナヨで通行中!?　いや、私の記事検索の仕方が悪いということにしておこう。

韓国の建設会社が早くから海外市場に進出したのは、国内に建設会社が溢れかえり、入札になれば叩き合いで、国内工事は利幅が薄いからだ。赤字受注も珍しくはない。だから下請け、孫請けは、手抜き工事でもしなければ食べていけない。

そこで働く作業員の大部分は「職人」と呼べるような技能を習得する前に、別業種に転職してしまう。

いささか古い数値だが、「学校を卒業または中退後、賃金を受け取る最初の職場に就職してから退職するまでの期間は平均1年4カ月だった」（聯合ニュース12年7月19日）。これは統計庁が調査した数字だ。大財閥の社員や公務員にはなかなかなれないという側面で、韓国は「就職難の国」だ。しかし、給与が財閥新入社員の半額ぐらいの職域（額に汗する仕事）は常に求人難であり、「即採用・すぐ退社」の世界なのだ。

戸建て住宅を解体すると、床下が建築廃材でいっぱいになっていることがある。マンションでも、見えない空間に建築廃材が残されていることは珍しくない。業者は少しでも利益を出そうと、産業廃棄物の処理代を浮かしたのだ。

天井が落ちてくる

14年2月17日夜、慶州《キョンジュ》市にある体育館の、屋根であり、かつ天井に当たる部分が雪の重みに耐えられずに崩落し、新入生歓迎行事のため中にいた学生10人が死亡、120人あまりが負傷する事故があった。

壁面も屋根も、断熱材を薄い鉄板でくるんだサンドイッチパネルを組み立て、1200平方メートルの内部には柱が1本もない構造だった。

サンドイッチパネルは断熱・保温効果こそ高いが、重みには弱い。それなのに、体育館の屋根は傾斜を付けていなかった。

例によって、続々とおかしな設計が指摘され、ついには「手抜き工事の証拠を多数発見」(朝鮮日報14年3月1日)ときた。

この行事はイベント会社が取り仕切っていた。小規模大学の新入生歓迎にイベント会社が参入しているのも驚きだが、イベント会社から来ていた10人が事故後、いち早く逃亡してしまい連絡が取れなくなった（聯合ニュース14年2月19日）とは、朝鮮半島伝来の〈責任者先逃《せんとう》文化〉の表れだろう。

「サンドイッチパネルは、表面を見てもどのような材料を使ったのかなかなか分からず、建築主らが規制を逃れるのに利用される」（東亜日報・韓国語サイト14年2月19日）という記事を読んだら、サンドイッチパネルを組み立てた韓国の建物には入れなくなる。

天井崩落も、有名な建物、あるいは死傷者が多数出て初めて報道される。

慶州市の体育館事故からのち、私が見た天井崩落記事を紹介しよう。

▽14年8月10日　原州《ウオンジユ》市のリゾート施設にある地下の礼拝堂で、天井に取り付けられていた装飾用の木材構造物（モールディング）が落ち、13人が打撲傷。

▽15年2月11日　ソウル市銅雀《トンジヤク》区で建設中の総合体育館で、天井の一部が崩壊、作業員が下敷きとなり3人が重傷。

ソウル市は14年9月の監査で10余件の〝不備〟を発見、是正勧告をしていた。しかし、作業者は設計変更後の変更された工法を確認せず作業を急ぎ……。

▽16年5月27日　国立ソウル大学の学生寮の1室で天井が崩落。この学生寮は04年3月に完工したが、ボイラー用の水タンクの欠陥により漏水が発生し、支えている木材が腐食

したことが原因とみられる。
▽16年7月2日　ロッテデパート釜山本店の地下1階売り場で天井が崩落、大きな穴があいた。
▽17年2月20日より前　なぜか聯合テレビの報道には発生日時が示されていないが、忠《チョ》南天安国民体育センター《シナムチヨナン》の地下スカッシュ場で天井が崩落した。
この建物は01年完工で、16年には文化体育観光省の「最優秀公共体育施設」に選定されていた。
▽17年2月20日　仁川市《インチヨン》の学生プールで、天井の断熱材と固定用の鉄骨が崩れ落ちた。小中学校の水泳部の児童・生徒ら28人がいたが、崩壊の5分前に練習を終了、プールから上がっていたため無事だった。
このプールは1月に改修工事を実施したばかりだった。教育庁は「新たに設置したスポンジ状の断熱材が水気を吸い、鉄材がその重さに耐え切れず崩壊したとみて」……信じられますか。

脇道に逸《そ》れるが、この日は平日だ。小中学校の水泳部員（体育特技生）は平日の午前中に授業を受けることもなく、ここで泳いでいたのだ。だから特技生失格となったらもう勉学では追いつけず、「人生真っ暗闇」になる（11節参照）。

公共建築物の屋根や天井が崩落する国だ。雨漏りぐらいは「当たり前のこと」に属するのだが、やはり有名な建物で、思わず「本当？」と声を上げたくなるような事例が山ほどある。

雨漏り自動車もある

ＫＴＸとは、韓国高速鉄道の略称。列車そのものも欠陥だらけの代物《しろもの》だが、さすがに雨漏りはないようだ。しかし、ＫＴＸのために新たに造った駅では雨漏りがあった。

忠清北道《チユンチヨンボクド》の五松《オソン》駅。10年11月のオープンから半月。６時間に７・５ミリの雨が降ったところ、エスカレーターが雨漏りでストップ、階段もビショビショ。待合室も駅事務所も、雨漏りでバケツがあちこちに。１９００億ウォンかけたそうだが、慌ててシリコンコーキングをやり直すことにしたという。

釜山国際映画祭はアジア最大規模の映画祭だそうで、釜山市はその映画祭のための専用映画館「映画の殿堂」を建造した。費用は１６００億ウォン。

11年の第16回映画祭は「映画の殿堂」の柿落《こけら》とし《*》も兼ねて華やかに開幕、と思ったら雨が降ってきた。窓のサッシと壁の間に隙間があり、そこから雨が吹き込んできた。天井からもポタポタ。ここを施工したのは、ナッツ姫のパパが率いる韓進《ハンジン》財閥の韓進重工業。その言い分が面白い。

「構造的欠陥ではないため、映画祭終了後に補強工事をすれば問題ないはず」

まさにOINK（オンリー・イン・コリア＝韓国でしかあり得ないこと）の言い分だ。

新羅ホテルとは、サムスン財閥が経営する一流ホテルだ。835億ウォンを投じたリニューアル工事が完了して、13年8月1日に新装オープン。そして、6日に雨が降った。これは激しいゲリラ豪雨だった。すると、最上階の23階にあるレストランの天井から水がポタポタと落ち出した。

排水管の能力を超える雨量があったため、屋上がプール状態になった。そこまでは分かるが、だからといって最上階の天井から雨水がポタポタとはどういうことか。

私の小学校の屋上は排水口に木の葉が溜まり、台風が来るとプール状態になった。しかし、最上階の教室に雨漏りなどなかった。50年以上も前の話だぞ。

韓国の大手財閥は、例外なく建設部門を持つ。建設工事を他の財閥に発注することはない。サムスン物産の建設部門（旧三星《サムスン》総合建設）が施工したのだろう。財閥内部の工事で手抜きはあり得ない。監督も厳しかったはずだ。なのに雨漏り。

座ったら最後、トイレに行けない

韓国人は「殿堂」という名前が好きらしい。済州島《チェジュド》にも「芸術の殿堂」がある。09年に着工して14年に完工した。これなら「工事を急いだため」のミスもないはずだった。しかし完工から1年後、ミュージカルの公演中にポタポタときた。

15年4月には、第2ロッテワールドの地下駐車場で、天井から漏水があった。これは「前日に降った雨のため」とされた。1カ月も経たないうちに、第2ロッテワールド2階のユニクロ店舗の天井からジャブジャブと水が溢れ出た。今度はスプリンクラーの配管に問題があったそうだ。

同年7月には、光州《クアンジュ》市で開催していたユニバーシアードのバレーボール会場で雨漏りがあった。

韓国はWBC（ワールド・ベースボール・クラシック）の予選リーグ戦を誘致するため、15年10月、念願のドーム球場をソウルに完工させた。高尺《コチョク》スカイドームという。

横1列が31座席もあり、しかも横列同士の間隔があまりにも狭いために「座ったら最後、トイレに行けない球場」として猛批判を浴びた。座席の問題は、その後の改修工事で収容人員は減ったが、なんとか解消した。

ところが、ドームの威力を発揮する梅雨の季節になると、ドームの天井からポタポタと始まった。16年7月の梅雨では、1塁側も3塁側も内野席の床は水浸しになり、ドーム球場で観客が傘をさして野球観戦するＯＩＮＫ風景の誕生になった。

韓国の雨漏りはビル、住宅に限らない。麗水《ヨス》市には、ファンタジー復元した亀甲船《きっこうせん》が陸上に展示してあるが、雨が降ると中はビショビショ。

現代《ヒョンデ》自動車のサンタフェは、トランクや天井、ダッシュボードから雨水や洗車用水が車内に染み出る〝雨漏りＳＵＶ〟として、関係者の間で有名だ。

韓国では18年2月、平昌《ピョンチャン》冬季五輪が開催される。その開閉会式が行われるメインスタジアムは屋根がない。なるほど、それなら雨漏りも天井崩落も心配ない。

19　地震なき国の貧困

震度４弱で大騒ぎ

17年11月15日、韓国浦項《ポハン》市北部を震源とするマグニチュード５・４の地震があった。浦項市の震度は３～４弱だった。日本なら「何と言うこともない地震」だが、浦項市では２週間以上経っても１０００人超が公立の体育館などで避難所暮らしを続けた。

住んでいた家やマンションが被害を受け、その程度が「危険」と判定された人々だ。

震度４弱でそんなに被害が出ること自体、韓国の建造物が地震に弱いことの証拠だ。韓国の全国紙が、いまでもマグニチュードと震度を混同して報道している。地震が滅多に起きないから、記者たちも地震に関する基礎知識が欠落したままなのだ。

韓国では建築法施行令により、05年から３階建て以上の建物を新築する場合は耐震設計しなければならなくなった。17年11月の施行令改定により、耐震設計義務は「2階建て以上、延べ面積500平方メートル以上、高さ13メートル以上」のいずれかに該当する場合と強化された。政府は民間の建造物の2割超は耐震設計と述べている。

しかし、韓国とは常に、何事も「法律には……と書いてある。が、実態は……」の国だ。つまり、憲法があり、法律があり、施行令がある。形式的には立派な法治国家だ。しかし実態は、政権が司法判断を自在に動かし、検察を猟犬代わりにして、いざとなれば遡及《そきゅう》立法も厭《いと》わない。

規則と実態の乖離《かいり》があらゆる分野に広がっている。設計図がしっかりした耐震構造になっていても、前節でお伝えしたとおりの実態がある。

改めて、整理して説明しよう。

まず、設計ミスが少なくない。鉄筋など資材の中抜き（横領・横流し）が当たり前のように行われている。それで資材が足りなくなるので、設計図どおりの施工ができない。そこで、鉄筋を入れる間隔を広げる。コンクリートで固めるところ、下請け代金も安いし、そんな作業は「ヒムドゥロヨ」（厄介だ）につき、モルタルで済ます。見えないところは、設計図の指定より安価な資材を使い、ついでに建設廃材を押し込む。

熟練した職人が絶対的に不足しているから、施工は「未熟な腕前」と「ケンチャナヨ」（ま、いいじゃないか）精神が相乗した仕上がりになる。

施工監理者は、金さえ貰えば「ケンチャナヨ」。

かくて浦項地震では、築３年で「耐震設計A等級」の大型マンションも、各戸のキッチン下の外壁に大きな斜めの亀裂が入った。遠くから見たら、外壁全体に施された模様かと思うほどだ。きっと、見えない部分はガタガタになっていることだろう。

百貨店が45分で崩落

しかし、驚いてはいけない。韓国通なら先刻ご存じのことだが、韓国では地震や強風がなくても大きなビルが揺れる。建築中のビルが傾き、そして倒壊するのだ。それでも、建設中に倒壊するなら被害は少ない。

出来上がって営業中の５階建ての百貨店が、地震が起きたわけでもないのに、ピンク色に塗り立てた両サイドの外壁だけを残して一瞬にして崩壊し、５００人を超える死者が出る大惨事があった。１９９５年６月に起きた三豊《サムプン》百貨店崩壊事件だ。ネットで「三豊百貨店」を検索すれば、その現場写真を見ることができる。

かいつまんで経緯を説明する。

ソウルで三豊建設産業という中堅財閥が4階建てのオフィスビルを建てることになり、新興の建設会社である宇成《ウソン》建設に依頼した。建設を中核とする財閥が、自社物件の建設を別の建設会社に依頼する。ここからして不可解だが、おそらく三豊建設産業には大きなビルを建てる自信がなかったのだろう。

三豊建設産業は基礎工事が終わったところで、「5階建ての百貨店」にすると方針を大変更した。宇成建設は「危険だ」と建設続行を拒否、三豊建設産業が工事を引き継いだ。

それからは、売り場には防火シャッター設置が義務付けられているため、ビル中央部の柱を一部撤去。エスカレーターを設けるため、基本設計を変えて柱の太さを25％減に。4階建てが5階建てに変更されたことで、コンクリートだけで3000トンの重量が増えた。

崩壊当日は5階天井のヒビ割れが大きくなり、ビルが小さく揺らいだ。しかし、経営陣は「営業続行」を指示し、自分たちはいち早く避難した。その直後、百貨店が崩落した。地下2階まで完全に崩落するのに45分しか掛からなかったとされる。

地元の区長は、3回の設計変更と仮使用許可を承認する見返りに賄賂《わいろ》を受け取っていた。韓国では「当たり前のこと」に属する。

経営陣が顧客や従業員に何も告げず建物から離れていたのも、韓国伝統の「責任者の先《ソン》逃《ド》文化」だ。

賄賂を出すことで違法な改造を積み重ね、積載重量を大幅に超える荷物を積み、転覆・沈没したセウォル号とよく似ている。セウォル号の船長も、乗客に「船室から動かないよう」告げたまま、パンツ1枚で真っ先に海洋警察のボートに乗り移った。

三豊百貨店崩壊事件のあとは、韓国中で「安全が大切だ」と叫ばれた。セウォル号沈没事件の直後も、韓国中で「安全が大切だ」と叫ばれた。が、何も変わっていない。

安全性の無視こそ、韓国の経済成長の「語られぬ裏面」の一つであり、「世界に冠たる労災大国」であることの直接の原因だ。

17人の同時ジャンプで大型ビルが

三豊百貨店崩壊事件から16年後の11年7月、ソウル市広津区《クアンジン》にある複合商業施設、テクノマートのオフィス棟から消防署に「ビルが上下に揺れている」との通報があり、500人が緊急避難する大騒ぎになった。

テクノマートは商業棟が9階建てで、その大部分を家電製品の店舗が占める。韓国の

「秋葉原」と称している。映画館、飲食店もある。オフィス棟は地下6階、地上39階。両棟合わせて延べ床面積26万平方メートルに達する大型ビルだ。

ソウルを横切って流れる漢江《ハンガン》に新たな堤防を建造したことで廃川となった部分を埋め立てた場所だ。1998年に完工した。オフィス棟は、強風が吹けば左右に揺れる軟構造の耐震設計とされるが、この揺れは約10分間、上下に揺れたという。その日のソウルは、風速1・5メートルの微風だった。

日頃は安全に無関心な国民とはいえ、「ビルの揺れ」は三豊百貨店崩壊事件を思い起こさせたのだろう。立ち入り禁止にして安全点検が始まったが、原因不明のまま2日後には立ち入り禁止が解除された。

10日後には暫定結論が出た。オフィス棟の12階にフィットネスクラブがあり、揺れた時間帯には、そこで17人が同時にジャンプする運動をしていた。それが原因というのだ。

地上39階、延べ床面積26万平方メートルの大型ビルが、17人の同時ジャンプでオフィスから人が逃げ出すほどの上下動をするものか。いや、地震がない国だから、揺れに敏感すぎるのだろうか。それにしても、「ポリタンクの水が揺れた」「観葉植物の葉が揺れた」というのだから、それなりに揺れたのだろう。

そして建築学会の名だたる教授陣が集まり、フィットネスクラブで20人が同時ジャンプをして震度を計る実験をした結果、「同時ジャンプが原因」となった。

韓国紙の報道を見ると、「確率的には0・1％にもならないケースだが、集団ジャンプがビルの固有振動数と一致したことによる共振現象」と言ったあたりが多数派。「20人ほどのジャンプでビルが揺れたなら、安全が保障されていない」とは少数派だった。

「斜塔」になっているビルが無数に

騒ぎが収まった8月3日、今度は商業棟にある映画館で天井の一部が崩落した。しかし前節で説明したとおり、韓国では天井崩落は「よくあること」に過ぎない。

だから「ケンチャナヨ」なのだろう。9月7日、調査を担当した大韓建築学会はテクノマートについて、「一部軽微な欠陥はあるものの、安全性には問題がないB等級」とする最終結論を公表した。

これを報じた中央日報（11年9月8日）は、「63ビル（汝矣島《ヨイド》）や総合貿易センター（三成洞《サムソンドン》）もB等級で、完工から10年以上経つ建物のうち、欠陥がない状態のA等級と判定されたケースはない」と、誰に向かってか、言い訳のようなことを書いている。

韓国には一見して傾いていると分かるビルが無数にある。いよいよ危なくなれば、みんな逃げるから人命被害はないが、撤去前に倒壊することもある。釜山や仁川《インチョン》では、大型ビルが目下、「斜塔」になっており、修理やら補償で揉《も》めている。

原因は、大部分が「手抜きプラス中抜き」だ。

懲りない人々が施工すると

韓国では橋梁《きょうりょう》もしばしば崩落する。建設中の崩落なら人命被害は少ないが、通行中の崩落は大惨事になる。

代表事例は、1994年10月に発生した聖水《ソンス》大橋崩落事故。漢江に架かる橋だ。完成から15年後、橋の中央部分の床盤《しょうばん》が突然崩落して、乗り合いバスや乗用車が次々に川に転落、32人が死亡した。原因は毎度おなじみの「手抜き」だった。

この工事を担当したのは、当時は屈指の大手建設会社だった東亜建設《トンアコンソル》(01年に倒産)だ。

これに先立ち、東亜建設の関係会社であるSOCIOは1977年、パラオで島と島を結ぶ橋(KBブリッジ、全長413メートル)を建設した。日本勢の入札価格の半額だったという。「風速67メートルの暴風や激震に耐えられる」という触れ込みだったが、完工から

20日目には橋の中央部が1メートル以上も凹《へこ》み、修理をした。そして96年9月、KBブリッジは轟音《ごうおん》とともに中央部から真っ二つに折れて崩落し、2人が死亡した。

余談になるが、いま同じ場所に架かっている橋は、日本の無償援助（ODA）により鹿島建設が一から造り直したもので、「日本パラオ友好橋」と呼ばれている。

聖水大橋のほうは修復・補強工事をして、97年7月に再開通した。ところが01年の調査で、また「手抜き工事」が発覚した。本当に「懲りない人々」だ。

原州《ウオンジユ》─江陵《カンヌン》を結ぶ鉄道は、平昌《ピヨンチヤン》五輪関連だ。その複線化事業の一環である架橋工事では、橋脚の土台が崩壊した。鉄道施設公団は「寒さで鉄骨が収縮したことが原因」と説明したが、そこはそもそも寒冷地だ。

平沢《ピヨンテク》─唐津《タンジン》を繋ぐ西海《ソヘ》大橋は斜張橋《しやちようきよう》、俗に言う吊り橋だ。その極太ワイヤーが突然燃え上がり、切断された。

ワイヤーが燃えるとは素人《しろうと》には想像しがたいが、細いワイヤーを束ねる過程で、摩擦熱を抑えるためオイルが使われるのだという。そこに何らかの熱が加われば燃えるそうだ。当局は「落雷のため」と発表したが、気象庁は「雷雲はまったく観測されなかった」。原因は謎のままだ。

大揺れする橋もある。麗水《ヨス》市にある李舜臣《イスンシン》大橋だ。「風のため」という当局の発表が正しいのかどうか、当局は大型トラックの通行を禁止している。

建設中の床盤崩落は「よくあること」だ。

地震大国に育った良き文化

日本通であるらしい韓国人教授が、「捨てられた土地、呪われた自然を神道一つで耐えた日本」と題するエッセイを書いている（世界日報・韓国語サイト10年2月3日）。「最悪の要素が地震だ。最も堅くて動かないと信じた土地がいつも揺れ動くという事実は、この土地を根拠地として生きていく彼らにとって呪いそのものであった」とする侮日《ぶにち》感覚に満ちたエッセイを読んで、ふと思った。

日本は頻繁に地震があるからこそ精度の高い建設技術が育ち、精度の高さを求める精神がモノづくりの分野全般に広がったのではないか。

逆に、地震が滅多にない韓国では、日本とは逆の精神文化、すなわち「ケンチャナヨ文化」が国中に蔓延《まんえん》したのではないか、と。

韓国では「古代日本は百済人《ペクチェ》が建国した」「飛鳥《あすか》・奈良の大型建造物はすべて百済人の手による」という〝神話〟が信じられている。

しかし今日、百済《くだら》の首都だった扶余《プヨ》周辺の古刹《こさつ》を見れば、柱も桟も歪《ゆが》んでいる。地震のない地域だからこそ、それで保《も》っている。そんな地で、今日にも通じるような耐震構造を備えた五重塔や神社を建てる技術が育ったとは信じ難い。

いくら掘っても、三内丸山《さんないまるやま》遺跡の大櫓《おおやぐら》のような精巧な施工の遺跡は全然出てこない。いや、優秀な建設技術が育ったのだとして、現地・百済の技術は、どうして半島中に広まらないまま消滅してしまったのか。

それとも、日本に渡った〝優秀な百済人〟は、地震を体験するや、すぐに耐震構造を発案できたとでもいうのだろうか。

一部の韓国人は、日本が大震災に見舞われるたびに喜びの声を上げる。しかし、日本の建造物はますます地震に強くなっている。そして地震大国であることは、悲惨な犠牲者を出しながらも、災害時に自然に発揮される共助精神など様々な良い文化も育てた。

地震がない国では、共助精神とは真逆とも言えるボッタクリ根性が蔓延している。

20　事大主義から属国根性へ

南京サプライズを企図

一国を総攬《そうらん》する実権元首は、目が回るほど忙しい。一日を無為に過ごすことはあり得まい。そうした視点からすると、韓国の文在寅《ムンジェイン》大統領の中国訪問（17年12月13〜16日）は、とても不思議だ。

韓国の保守系紙、朝鮮日報（17年12月16日、以下、17年は省略）が「どう考えてもおかしすぎる文大統領の国賓訪中」と題する社説で取り上げているが、13日午前、北京に到着してから翌日夜の公式晩餐会《ばんさんかい》まで、中国要人との会食がなく、側近とだけで食事をして過ごしたのだから。

韓国各紙は、「国賓」の出迎えが次官補クラスだったことを問題視している。体面重視の国らしい。ところが、13日は南京事件の記念日だ。中国の要人はこぞって南京の式典に行っていた。むしろ韓国側が、そんな日をわざわざ訪中のスタートにしたことこそ、「どう考えてもおかしすぎる」。

しかし、以下のように考えれば、少しもおかしくなくなる。その後の不可解さも合点《がてん》がいく。もちろん、私の想像に過ぎないが、述べてみる。

文大統領一行は当初、南京の式典に飛び入り参加することを企図していたのだ。式典の司会者が「予定にはありませんでしたが、韓国の文在寅大統領閣下がお見えになりました」と言い、万雷の拍手のなかを登壇。そして、〝抗日連帯〟を呼びかける激烈な演説を行う。万雷の拍手は止まず。

翌日の夕、習近平主席との首脳会談では、〝抗日連帯〟の具体策が話し合われ、中国側が撤去を要求している高高度ミサイル防衛網（ＴＨＡＡＤ）のことなど話にも出ない……というシナリオだ。

17年は南京事件80周年であり、首脳陣が大挙して出席した。しかし、習近平主席は式辞を述べなかった。

兪正声《ゆせいせい》政協主席が述べた式辞は「中日両国人民の根本利益から出発して、平和・友好・

協力の大きな方向を正確に把握し、歴史を鑑《かがみ》として未来に進まなければならない」と、日中関係改善に期待する内容だった。

これが中国共産党の意思なのだ。そこに、呼んでもいない〝東夷《とうい》の酋長《しゅうちょう》〟が飛び込んできて、方向違いの演説をしようとしている。

韓国の企図を察知した中国側が、「南京入り」を拒絶したのは当然だ。しかし、韓国国内では「13日から国賓として訪中」と大々的にアナウンス済みだ。1日ずらすことなどできない。

かくして韓国大統領は、中国要人が出払っている北京に降り立たざるを得なかった。

おそらく、北京の韓国大使館は慌てて「在中韓国人との昼食懇談会」を繰り上げて開催したのだろう。そうでもしなければ、午前10時すぎに北京に着いた大統領が、何もしないで7、8時間を過ごさなくてはならなかった。

韓国の大統領が外遊した場合は、現地の韓国人と懇談するのが恒例になっている。その時の報道は、主要な出席者の名前、出席者数を書き、賑《にぎ》やかな会場で出席者に取り囲まれる大統領の写真がセットになるのも恒例だ。

ところが、昼食懇談会を報じた韓国紙は、名の知れぬ独立運動家の子孫が出席したことは伝えたが、出席者数はない。そして、大人数がいる気配をまったく感じさせない乾杯場面の写真だった。

それでも大統領は演説した。南京事件を採り上げ、「韓国人は中国人が経験したこのつらい事件に深い同質感を持っている」「両国は帝国主義による苦難もともに経験し、ともに抗日闘争を繰り広げ、厳しい時期を一緒に乗り切ってきた」と。

きっと、南京の式典で述べるつもりで練習してきた内容なのだろう。

しかし、日本の中国派遣軍にいた朝鮮人兵士は「俺は日本人だ」と言って中国人に威張り散らし、中国に「高麗棒子《ガオリーバンズ》」という軽蔑語を残した。そして、朝鮮人亡命者がつくった上海臨時政府はエロ写真を売って糊口《ここう》を凌《しの》ぐような存在で、日本軍と交戦したことはなかった。韓国の大統領は、そんなことも知らないのだろうか。

その日の夕は「韓中ビジネスフォーラム」があった。これは、南京に行っていたとしても出席できる日程だ。出席者は５００人だったという。

韓国の大統領外遊は、財閥総帥ら経済人を大勢引き連れて行くのが慣例だ。今回の訪中でも、財閥総帥をはじめ３００人もの経済ミッションが仕立てられた。大手企業なら、北京に支店や事務所がある。そこの代表者らもフォーラムには集まってくるだろう。となると、中国側の参加者はどれほどいたのか。

これを報じた中央日報（12月14日）の見出しが面白い。

「韓国財界人が揃って出席　韓中ビジネスフォーラムに500人」

こうした記事は「中国側からは○○、○○氏らが……」とあり、彼らの発言が紹介されるのが定型だ。が、載っていない。最後に「当初出席を予定していなかった張高麗《ちょうこうらい》中国国務院常務副総理の姿が見られ、目を引いた」とあったが、その発言は載っていない。

一帯一路政策の担当者として、顔だけ出したのだろう。

アマチュアが妄想で指導

私が「文在寅大統領は南京に行くつもりだった」と推測したのには、こんな前例があるからだ。

17年11月、トランプ米大統領が、日本に続いて韓国を訪問した時のことだ。トランプ氏は平沢《ピョンテク》米軍基地に降り立った。そこで在韓米軍の幹部と懇談し、将兵を激励することになっていた。

ところが、そこへ文大統領が現れたのだ。韓国大統領府は、「トランプ大統領の訪問効果を最大化するために、こうしたサプライズ訪問を事前に予告しなかったと伝え、韓米同盟の意味を強調する〝サプライズ訪問〟と説明した」（中央日報11月7日）。

私が知るところ、韓国人は自分の利益になる「上手い手」を思いついたら、相手の事情など考えない。どこまでも自己中（自己中心思考）で突き進む。

トランプ氏としたら、現地にいる将兵の不満も聞きたかったろうに、お呼びでない人物が現れて居座っては、それもできなかったのではなかろうか。

が、韓国の世論は「安倍（晋三首相）にはできないサプライズで点数を稼いだ」と受け止めたようだ。

その日程に続く公式晩餐会に、自称「元慰安婦」（英語を話せる点だけ見ても、その経歴は怪しい）を、米側には事前に知らせないまま招いておいてトランプ氏にハグをさせたのも、自己中の演出サプライズだ。

「支持率を上げ、日本をギャフンと言わせる上手い手だ」と思いついたら最後、それで突き進む。トランプ氏を歓待しようとの配慮は吹き飛び、「トランプがいる場を最大限に利用してやれ」となる。

韓国人ジャーナリストによると、自称「元慰安婦」の招待も、独島《ドクト》エビの料理も、外交当局の与《あずか》り知らないことだった。

絶対の権限を持つ大統領自身、あるいは側近スタッフの発案なのだろう。大統領自身も側近スタッフも過激な学生運動の出身者であり、その多くは大学などの研究部門や、政党などに身を置いたまま大統領府入りした。つまり、外交実務に関してはアマチュアだ。

彼らなら、南京の式典にサプライズ参加することで「トランプで上手くいったように、すべてが上手くいく」と、自己中の妄想を膨らませたのではないか。

文在寅与党の機関紙とも言えるハンギョレ新聞（12月14日）は、在中韓国人との昼食懇談会での演説内容を「韓中の共通の利害関係に基づいて日本に向けた声だ」と評価する一方で、「（訪中のための）準備チームは日本を刺激しかねないとの理由で、文大統領が南京大虐殺に言及しないことを望んでいた」と伝えている。

つまり、外交当局者のプロたちは、そんな演説はすべきでないと判断していた。が、〝与党の機関紙〟は「韓中の共通の利害関係に基づいて日本に向けた声」を止めようとした外交当局を批判しているのだ。

外交当局のプロたちが、権限を持つアマチュアに顎《あご》で使われている姿が見えてくる。

人民食堂で揚げパン食べた

訪問2日目の朝、文在寅夫妻は、かの媚中派《びちゅうは》・盧英敏《ノヨンミン》駐中国大使夫妻とともに、中国式のファストフード店で、油条《ヨウテイヤオ》（小麦粉を油で揚げた棒状のパン）と豆乳を食べた。

事実上の国営通信社である聯合ニュース（12月15日）は「中国での最初の朝食を現地の庶民食堂で市民たちと一緒に食べた」と報じたが、写真を見れば中国の公安と思われる体格のいい男たちが四方の椅子に座り、中央で大統領と大使夫妻が談笑している。一般市民と話しながら食べたわけではないのだ。

聯合の記事は続く。

「文氏は同日、韓中経済貿易パートナーシップの開幕式に出席したあと、午後4時半頃に開かれた国賓公式歓迎式まで予定を入れなかった。前日の夕食に続き、同日の昼食も宿泊先で済ませ、韓中首脳会談の準備をした」

国営通信社の苦しい報道だ。要人が会ってくれないので仕方がなく……とは書けないからね。

公式晩餐会はあったのか

一国の大統領が3泊4日の日程で海外を訪問して、その地の要人との会食は2回しかなかった。やはり、「どう考えてもおかしすぎる」。

そのうちの1回が公式晩餐会だが、これまた「おかしすぎる」ことばかりだった。記者団は会場に近寄ることも許されず、両首脳の挨拶も明らかにされず、写真すら公開されなかったのだ。

韓国のマスコミは、国賓訪問の公式晩餐会となると、「乾杯の酒は○○で、日本の○○首相の時よりも遥かに高価な品だ」などとはしゃぐのだが、どんな料理が出たのかも全く明らかにされていないままだ。

公式晩餐会は本当に催されたのだろうか――と、つい疑いたくもなってしまう。

3日目の午後は、李克強首相と会談した。当初は午餐会《ごさんかい》の予定だったが、午餐はキャンセルされた。飯なし会談は、「萎縮した経済関係の修復を」「平昌《ピョンチャン》五輪と北京五輪がある18年と22年を相互訪問の年に指定しよう」といった陳情の場だったようだ。

話は前後するが、2日目の韓中経済貿易パートナーシップの開幕式では、大統領に近づこうとした韓国人の同行記者2人が、中国人警備員に殴り倒される事件もあった。うち1人は眼窩《がんか》骨折の重傷というからお気の毒だが、国賓の側に〝不逞《ふてい》の輩《やから》〟を近づけないとする中国流の警備原則が働いたのだろう。これは、中国が文在寅氏を「国賓」として扱った唯一のケースだったのかもしれない。

この事件の直後、「『時間を置いて報道してほしい』という青瓦台《チヨンワデ》（大統領府）関係者の注文」があったことを、中央日報（12月15日）は長い記事の末尾で報じている。

「中国様」が恐ろしくてしかたがない韓国の政権、その政権の不当な要請に真っ向対決できない〝準与党系マスコミ〟の不甲斐なさが浮かび上がってくる。

振り返れば、高麗《こうらい》の全盛期に編成された正史『三国史記』は、事大《じだい》主義で貫かれている。いまでこそ大に事《つか》える事大主義は悪いイメージの言葉になっているが、当時は「正しい外交処世術」だったのだ。それでも、『三国史記』は「大唐《だいとう》」（唐のことを、こう呼んだ）に対して言うべきことは言うとの姿勢を堅持していた。

やがて高麗は事大主義を通り越し、元《げん》の属国になった。次の李王朝は明《みん》の属国になった。そして清《しん》が起こっても、衰亡する明への事大を続けた。なぜなら、朝鮮の両班《ヤンバン》（支配層）にとって、女真《じよしん》族の清は「北狄《ほくてき》」に過ぎず、朝鮮民族より下の存在でしかなかったからだ。

朝鮮のこうした姿勢に、清の皇帝が半島に親征した。朝鮮が降伏すると、「聡明にして寛大な清の皇帝」と「愚昧《ぐまい》な朝鮮王」を際立たせる内容を彫った石碑（大清皇帝功徳碑《だいしんこうていこうとくひ》）を建てた。

以来、朝鮮の王は、清の皇帝の使臣が来ると郊外まで出迎え、三跪九叩頭《さんききゅうこうとう》の礼をした。そればかりか、毎年、黄金百両、白銀千両、朝鮮人美女などの上納を義務付けられた。きっと、こうした歴史的体験が韓国人の脳裏には刻み込まれているのだろう。

染みついた属国根性

韓国の知識人が、「沈みゆく米国と、昇りつつある中国と、どちらに付いたら得か、考えることもないではないか」と言うのを聞いて思った。彼らには、事大主義と言うよりは属国根性が染みついているのだ、と。

訪中を前に韓国の外交相が表明した①ＴＨＡＡＤを追加配備しない②米国のミサイル防衛網（ＭＤ）に参加しない③韓米日関係を軍事同盟に発展させない――の「三不《さんふ》の誓い」は、大清皇帝功徳碑の現代版だ。

中国様に「三不の誓い」を捧げたうえで訪中したのに、中国側は会食のパートナーも出してこず、同行の記者を殴るで、「属国の王」どころか「属地の酋長」に対するような待遇だった。

ところが、韓国大統領府は「大成功だった訪中」「わが大統領は中国人民のなかで食事をした」などと自画自賛している。保守派の「中国の冷遇」批判に対して、「中国様に悪いところはなかった」と懸命に庇《かば》っている。

文在寅氏の熱烈な支持派は「わが大統領は外交の天才」などと叫んでいる。

これが「亡びゆく国」の風景でなくて何なのだろうか。

第5章
「心の祖国」は北朝鮮

21「心の祖国」は北朝鮮

金正恩政権と「ウリ」の関係

平昌《ピョンチャン》冬季五輪は2018年2月25日に閉幕した。国を挙げて17日間も続いた冬季五輪は、たった1日で終わる祝日や地域や企業のイベントとは違って、その「国のかたち」をふんだんに表出させてくれた。以下は、「隣国のかたち」の視点で捉《とら》えた平昌冬季五輪の総括だ。

この五輪により、明確な形で浮かび上がったのは、韓国の文在寅《ムンジエイン》政権の〝病的〟とも言える「従北体質」だった。一見すると、それは北朝鮮を〝ご主人様〟の地位に据《す》えたマゾヒストの体質だ。

しかし細見すれば、北朝鮮の政権と文在寅政権は、ほとんど「ウリ」の関係になっている。

「ウリ」とは、韓国語の一人称複数形の主格および所有格。すなわち、「われわれは」「われわれの」を意味する。

平昌五輪の開会式と閉会式の際に韓国入りした北朝鮮要人と、文在寅大統領・その中核的スタッフとの会談は数次に及んだ。

それは「ウリ」内部での距離感を急激に接近させた。

「ウリ」の反対語が「ナム」だ。直訳すれば「他人」だが、単に「他人」というよりは「ウリに属さない有害な人間たち」といった感じがある。

「ウリ」の集団枠は、自在に動く。ある時は家族だけが「ウリ」であり、社会生活では同じ立場、境遇の人間、あるいは同じ思考の人間が「ウリ」となる。日本に対する場合は、ほとんど全国民が「ウリ」になる。

朝鮮半島情勢のなかでは、いまや北朝鮮の金正恩《キムジョンウン》政権と、韓国の文在寅政権が「ウリ」なのだ。

では彼らにとって、半島情勢のなかでの「ナム」は誰なのか。韓国内の保守派だ。

この五輪では、始まる前から北朝鮮との間でいろいろあった。先遣隊の訪韓日程の突然の変更、事前セレモニーの取り止め、開会式前日の北朝鮮軍事パレード……。

いよいよ開会すると、文在寅政権は金与正《キムヨジョン》氏（金正恩労働唐委員長の妹）に対して4回の食事会を催して接遇した（日本の安倍晋三首相に対しては一度も食事接待がなかった）。最後には、韓国の政権が「天安《チヨナン》艦沈没事件の主犯」としてきた金英哲《キムヨンチヨル》朝鮮労働党中央委員会副委員長兼統一戦線部長を五輪閉会式に招き入れた。

天安艦沈没事件は、2010年3月、黄海上の北方限界線近くの海域で発生した。韓国海軍の哨戒艦《しようかいかん》「天安」が突然沈没し、46人が死亡した。外国軍人らを加えた調査団は「北朝鮮の魚雷攻撃による」と結論した。当時の役職から、事件の指揮者は金英哲氏とされ、彼は韓国を含む多くの国から「制裁対象者」に指定されている。

北朝鮮が、閉会式に金英哲氏を派遣すると発表するや、保守派は強い抗議姿勢を示した。しかし政権側は、北朝鮮の人選に異論を唱えることもなく、制裁対象者から一時的に除外する措置を取り、国賓級の待遇で迎え入れた。

これらの動きは、北朝鮮の横暴な要求に、文在寅政権が対北マゾヒスト体質を露《あら》わにして従っているように見える。

しかし文在寅政権は、北の政権と「ウリ」なのだ。「ウリ」が韓国の保守派にサディスティックに振る舞っていると見るほうが至当なのではないか。

脱北者を「売国奴」と罵《ののし》る

北朝鮮と韓国との間では朝鮮戦争があった。その戦争は終わっていない。あくまでも「休戦」協定が締結されているだけだ。そうした歴史がある国なら、その国民は当然、反北であり、その国の大統領はいくら左派であっても、核武装化を進める北朝鮮を利するようには動かないはずだ――日本人は常識的に、そう考えるだろう。日本の多くのマスコミも、そうした常識的判断を基本にしているようだ。

しかし、文在寅政権がしてきたことは、そうした常識を裏切る。「人道次元の支援は別だから」と資金提供しようとしたり、「これは宗教団体が契約していたことだから」と北朝鮮のミネラルウォーター購入を認めたり……米国が主導してつくり上げた制裁措置に〝アリの一穴〟を開けて回ることに奔走してきた。

この五輪では「特別なケースだから」と、北朝鮮の航空機と船舶の韓国乗り入れを認めた。そして制裁対象人物を招き入れた。「今回は特別」→「前例があるから」、〝アリの一穴〟を開けて回る人々の手口だ。

文在寅氏は、金英哲氏と〝密談〟した。公式発表が「平昌の某所で」と、会談場所すら明らかにしていないのだから、まさに〝密談〟だった。金英哲氏は従北政権の中核スタッフと4回も会談した。

実際の話の内容は闇のなかだが、韓国側がわずかに明らかにしたことは、韓国側が「米朝交渉」(これを韓国語では「北米《ポンミ》交渉」という)をするよう勧め、北側は「会談する用意がある」と答えたという。

米朝交渉とは、北朝鮮に対する直接の当事国である韓国の存在を否定することにも繋がる。だが従北政権にすれば、「韓国のことなどどうでもいいから、北朝鮮のために尽くしたい」といった思いなのだろう。

韓国は、北朝鮮に五輪参加支援費として、約3億円を使った。北代表団に裏金を渡しているかもしれない。

文在寅大統領とその中核スタッフは、14節で述べたとおり、過激な左翼学生運動の出身者たちで占められている。彼らが当時主張したのは「軍事独裁政権打倒」だが、その背後には「朝鮮半島では北朝鮮の政権に正統性がある」との思想があった。

彼等はそうした思想と決別することもないまま、左派政党の民主党系(変遷を経て現在の党名は「共に民主党」)になだれ込み、いつしかその主導権を握った。

文在寅氏を取り巻くグループとは、中核スタッフではなく周辺にいる政治家ですら脱北者に向かって「この裏切り者ども」と罵《ののし》るような体質だ。「正統な政権」を捨てて、韓国なんぞに来たのだから裏切り者という意味だ。つまり、彼らにとって「心の祖国」は北朝鮮なのだ。彼らが尊敬する故盧武鉉《ノムヒョン》大統領とは、「北の核兵器は防衛用だ」と言い切った人物だ。

文大統領は五輪期間中の2月20日、スロベニアの大統領と会談した。そこでの文氏の発言は興味深い。事実上の国営通信社である聯合ニュース（韓国語サイト18年2月20日。以下、18年は略す）が伝えたところは以下のとおりだ。

「冬季五輪を契機に造成された南北間対話と和解の雰囲気が、五輪以後も〝朝鮮半島の非核化〟のための対話条件造成に肯定的に寄与できるよう協力をお願いする」

「南北対話が発展して〝北米対話〟に繋がり、〝朝鮮半島の非核化〟議論が始まるように努力する」（〝　〟は筆者による）

米国はじめ国際社会の大勢が要求しているのは「北朝鮮の非核化」だ。しかし、文氏は「朝鮮半島の非核化」と2度も述べている。「朝鮮半島の非核化」とは、在韓米軍の撤退を含みとする中国の主張だ。

かつて日本社会党の外郭に、社会主義協会という秘密結社的な組織があった。「階級的警戒心」を合言葉のようにして、「日本共産党より左の真の共産主義者」と自負していた。彼等は書記局を掌握し、執行部にも入り込み、社会党を取り仕切る「党内党」になった。そこに属していた日本社会党の幹部が決して「自分は真の共産主義者だ」とは公言しなかったように、文在寅政権中枢も「自分は真の従北派である」とは決して言わない。

しかし彼らの最終目的は、「心の祖国」であり、「核兵器」を持つ「正統政権＝北朝鮮」に吸収統一されることだ。

その過程では「対話により北朝鮮の非核化が実現できる」かのような幻想を振りまきつつ、国際的制裁で弱る北朝鮮を何とか助けることが重要だ。同時に、自分たちが吊るし上げられることがないよう国内保守派を壊滅させなくてはならない。

平昌五輪は、従北政権が着々と進める広範な保守派壊滅作戦から、国民の目を逸《そ》らすためにも格好の舞台になった。

神話まで捏造

五輪の開会式は、5人の子供が姿を見せて、まるで学芸会のように始まった。並行するナレーションがなかったなら、いったい何をテーマにしているのかさえ、韓国人にも分からなかったのではないだろうか。

アナウンサーはリハーサルを見たうえに、詳細なレクチャーも受けていたはずだ。だから、奇怪な人面鳥が出てきた時、NHKのアナウンサーは「これは韓国の神話に出てくる鳥です」とスラスラと話せたのだろう。しかし、韓国の古史書にある神話に「平和な時にだけ現れる鳥」など出てこない。

レクチャーをした人物、すなわち主催者サイドは神話まで捏造《ねつぞう》したようだ。

高句麗《こうくり》の壁画には、人面鳥の図があるという。ところが、それは中国の伝説の怪鳥である鳧徯《ふけい》を描いたとされている。中国の伝説では、鳧徯が現れると戦争が起こるそうだ。

いや、「平和な時にだけ現れる鳥」というのだから、〝韓国の幻の神話〟にある人面鳥は、きっと鳧徯ではないのだろう。

幸いなことに開会式の気温は、事前の気象予報より遥かに暖かだった。しかし、例年なら平昌の夜の体感気温は零下15℃にもなる。屋根なしのスタジアムで、なぜ夜に開会式のスケジュールをもってきたのか。

中央日報（2月5日）は、「五輪主管放送局の米NBCがこの時間に開催することを要求したからだ」と伝えた。しかし、あの電飾効果は夜でなければ発揮できなかった。花火もそうだ。ロウソクデモを彷彿《ほうふつ》させた最後の場面も、夜でなければダメだった。

長野冬季五輪の開会式は昼だった。平昌と長野に時差はない。長野五輪は当初、夜の開会式を予定していたが、大枚の放映権料を払う米国のテレビ局が「米国の国民がテレビを見やすい時間に」と要求したので昼にしたという。どちらが嘘を吐《つ》いているのか。

酷寒による不祥事発生を懸念する声が高まるや、主催者は韓国紙に「米ＮＢＣが……」とリークしたのではないのか。

例年どおりの酷寒で低体温症による搬送者が続出する事態になっていたら、韓国世論は「米国のせいだ」で大荒れしていたことだろう。

低体温症の患者は出なかったようだが、ＮＢＣ批判は吹き荒れた。入場行進の際、ＮＢＣのコメンテーターが「韓国が発展していくうえで日本が文化的、技術的、経済的に重要な手本となっている」との趣旨を述べたことがケシカランというのだ。

韓国の新国技とも言える抗議のサイバー攻撃が始まり、ＮＢＣは早々とコメンテーターを降板させた。解説の趣旨はまさに事実なのに、米国の「言論の自由」とはこの程度のものなのか。

NBCがコメンテーターを降板させて謝罪のコメントを流しても、韓国の世論は収まらなかった。このコメンテーターがコーヒーチェーン・スターバックスの取締役に名を連ねていることが分かると、今度は「スタバ不買運動」を始めた。

次にサイバーテロの標的になったのは、女子ショートトラックの500メートルで3位になったカナダ人選手だった。彼女と接触した韓国人選手が失格判定されたことを「不当」とする火病《ファビョン》（本来は鬱《うつ》病に似た朝鮮半島に独特の神経疾患のことだが、日本のネットでは、すぐにカッとなる韓国人の性癖を示す言葉になっている）の炎が、カナダ人選手のSNSに集中した。文面は「殺してやる」「死ね」の類《たぐい》だ。

カナダ人選手はAFPの取材に対して、「身の危険を感じた」と述べている。

その次は、女子スケート団体追い抜きで、チームメイトをいわば見捨てた韓国人選手。これは大統領府の請願窓口にも向かった。大統領府は、請願数が1カ月で30万件を超えた案件についてはコメントをすることになっている。「彼女の国家代表資格を剝奪しろ」との請願が1日で30万件を突破した。

サイバー攻撃という新しい国技が確立されたのは、06年のサッカーワールドカップの時ではないかと思う（小規模な攻撃は04年のアテネ五輪でもあった）。

韓国―スイス戦で、オフサイドかどうか微妙なところでスイスの得点が認められ、韓国が敗れた。

その直後、「試合終了から24時間以内に500万人が国際サッカー連盟（FIFA）のオフィシャルサイトに抗議するメッセージを送れば再試合が可能」というデマが韓国のネットに書き込まれた。

すると、FIFAのオフィシャルサイトに韓国からのメールが殺到し、FIFAは韓国からの接続を遮断した。

一連の動きを伝えた中央日報（06年6月26日）の記事には、こうある。

「FIFAに『韓国は情報技術（IT）の強国』との事実を知らせることには成功したもようだ」

これが自称「韓国を代表する新聞」の記事なのだから、驚くべき民度だ。

14年のソチ冬季五輪・女子フィギュアで、ロシアのアデリナ・ソトニコワが金メダルを獲得し、金妍兒《キムヨナ》が銀メダルに終わると、プーチン大統領のフェイスブックに、韓国語や英語での悪口とともに、判定に抗議するコメントが殺到した。

同・女子ショートトラックで韓国人選手と接触した英国選手にも、「殺してやる」「死ね」

の韓国発サイバーテロが襲いかかった。

振り返れば、朴槿恵《パククネ》政権を倒したロウソクデモも、民主党議員らによるデマ情報の発信
→ネットへの拡大が動員の決め手だった。

ボランティアの実態

日本語で「ボランティア」と言うと、社会のために無給で奉仕すること、あるいはそれをする人を指すと思う。それは、どうやら世界標準と懸《か》け離れている。英語圏での意味は、もっぱら「志願兵」、つまり「徴兵」の反対語だ。

韓国語では、ボランティアのことを「自願奉仕者《チャウォンボンサジャ》」と言う。これまた世界標準とは懸け離れた実態がある。

88年ソウル五輪、14年仁川《インチョン》アジア大会、そして今回の平昌五輪を見ると、組織委員会の傘下に入る非正規職員は有給者も無給者も、まとめて「自願奉仕者」としているようだ。

だから、通訳や、国際オリンピック委員会（ＩＯＣ）関係者らを接遇する役割の「自願奉仕者」はそれなりの要件を審査するが、その他大勢の自願奉仕者は「居住場所と3度の食事を与えられることで、薄給あるいは無給で働く季節労働者」だったと言えよう。

李王朝時代、両班《ヤンバン》（貴族）の邸宅のなかには、奴婢《ノビ》の居住部分があった。たいていは馬小屋の隣だ。奴婢は3度の食事こそなんとか保証されているが、無給労働だった。

その他大勢の自願奉仕者は、組織委員会の幹部（両班）や正規職（常民《サンミン》）からすれば、「一時的に集めた奴婢」のような存在だったのだろう。

冬季五輪が開かれた江原道《カンウォンド》は過疎地《かそち》だ。その面積は、岩手県よりわずかに広い。人口約152万人で、1平方キロメートルあたりの人口密度92人。岩手県の84人より、わずかに多い。

競技の中心会場がある平昌郡は、とりわけ「過疎のなかの過疎地」だ。面積は江原道のほぼ12分の1を占めるが、人口は4万、人口密度は30人に達しない。

地元の人間、特にサービス業者にとっては、人生に2度とない「ボッタクリの好機」だ。地元に住むボランティアはほとんど集まらない。五輪の施設警備を請け負った民間の警備会社も、地元では要員を集められない。

しかし、ソウルや釜山から「3度の食事」に惹《ひ》かれて人が集まってくる。毎日、ソウルや釜山から通うわけにはいかない。警備会社も組織委も、古くなり使われていない施設などを借り上げて宿舎にした。

そこは、限られた時間しか温水が出ないのは当たり前。500人に洗濯機が3台しかない施設もあったらしい。しかも、組織委の指揮系統は滅茶苦茶で、会場と結ぶバスが1時間待っても来ない。ボランティア用の食事は、ソウル新聞（韓国語サイト1月26日）の表現を借りれば「刑務所の飯もこれよりはいい」で、日本人がイメージするようなボランティアは早々と離脱してしまった。

とんでもない「不衛生大国」

ノロウイルス患者が最初に出たのは、警備会社が借り上げていた宿舎で、2月4日の夜だった。地下水を汲み上げて蛇口から出る水が、「嫌な臭いがする」。宿舎に押し込められた警備要員は、何度か警備会社に電話した。が、会社側は取り合わなかった。

きっと奴婢に対する常民の姿勢、「嫌なら失業者に戻れ」といったマインドだったのだろう。

が、ノロウイルス患者が出ると、警備会社は大慌て。「警備要員全員のウイルス検査を実施する」と発表したが、嘘だった。どうして韓国人は、すぐにバレる嘘を平気で吐くのだろうか。発病した患者は、宿舎に放置されたまま回復を待った。

それでも大多数が辞めずに残ったのは、辞めたら翌日から考試院《コシウオン》（1坪ほどに区切った宿泊施設）の料金にも、食事代にも困る人々が相当数いたからだろう。

警備会社宿舎のノロウイルスは、ほどなく「糞便由来」と発表された。

「糞便」で思い出した。

最初にノロウイルス患者発生が伝えられた日、テレビ朝鮮が「何っ⁉」と驚くべき特ダネを報じていた。

ソウルの一流ホテルでは、便器の水をスポンジに含ませ、便器も浴槽も洗い、スポンジを濯《すす》ぐこともないままコップを洗い、その水気は客が使って床に落としていたタオルで拭き取っている、と。

これは伝聞ではない。ソウルの一流ホテル3カ所に各2泊3日滞在し、部屋に監視カメラを付けて清掃作業を収録した結果をまとめた特ダネだ。

テレビ朝鮮によると、枕カバーも叩いただけで取り換えないホテルもあった。清掃後、汚染度測定器で客室のソファを測定すると、安全基準値の15倍を上回る数字が出た。

一流ホテルにしてそれなら、現代の奴婢が寝泊まりする宿舎からノロウイルス患者が出ても何の不思議もない。とんでもない「不衛生大国」だ。

慰安婦大国らしい風景

文在寅大統領夫妻は2月18日、ボランティア用共同食堂を訪問し、プルコギ、ワカメスープなどの食事をとった。

そして、ボランティア用の食事が酷いと聞き、胸が痛かったことなどを語ったあと、「きょう出てきたものを見たら大丈夫ですね」と述べた（中央日報2月18日）という。

大統領が来た時だけ、特別のメニューにしたに決まっているではないか。なぜなら、組織委がボランティア用食糧費を増額補正したわけではないのだから。

そんなことも分からないとは、この大統領も〝裸の王様〟への道を進み始めたようだ。

食事で言えば、ボランティアではなくスタッフ用の食堂の有料メニューも早々とネットで叩かれた。

ネットに載った写真を見ると、どう見ても焦げめもないし、バターも塗っていない生パンが2枚。色の悪いスクランブルエッグに小さなベーコン3枚。ペットボトル入りのオレンジジュースが付いて1万1300ウォン。日本のファミレスなら、この半額ではるかに気が利いた朝飯を食べられる。

「これは高すぎる」との声がネットを炎上させると、スタッフ用食堂を運営する新世界グループ（サムスンの外郭財閥）は突如、パンを4枚に増やし、値段を半額にした。さらに別途料金が必要だったコーヒーを無料にした。

新世界グループは、どれほどボッタクリ（韓国語では「パガヂ」）をする算段だったのだろうか。

両班は特権の塊のような存在だった。競技別にある連盟の総元締めにあたる大韓体育会の会長は、まさに今日の両班様だ。

会長一行が2月16日、クロスカントリースキー女子10キロが開かれていたアルペンシアクロスカントリーセンターを予告なく訪れた。そしてＩＯＣ役員が予約していたＶＩＰ席に座ってしまった。

そこを担当していた自願奉仕者が「その席は……」と言うや、両班様のお付きたちが始めた。国民日報（韓国語サイト2月16日）によると、「オイ、頭を少し使え」「ＩＯＣが何様だ」「ウリは開催国なのだぞ」などと自願奉仕者を怒鳴りつけたというのだ。

両班様御一行は30分ほどで立ち去り、予約者とかち合うことはなかったが、ネットには非難の書き込みが溢れた。

形勢悪しと見たのだろう。大韓体育会は「会長が17日にクロスカントリーセンターを訪れ、自願奉仕者に謝罪し、話し合って誤解を解いた」とするプレスリリースを出した。韓国各紙がそれを報じた。

ところが、毎日経済新聞（韓国語サイト2月18日）によると、怒鳴りつけられた自願奉仕者は、17日は出勤していなかった。

改めて思う。どうして韓国人は、すぐにバレる嘘を平気で吐くのだろうか、と。

ボッタクリは、言うならば韓国名物。強い立場の者がどこまでも強気に出る文化だ。朝鮮半島の昔からの国技でもある。

この五輪でも、早い段階から宿泊施設のボッタクリぶりが世界に鳴り響いた。

ところが開会直前、平昌や江陵《カンヌン》市の宿泊施設は急に値を下げた。下げたといっても、通常の8倍ぐらいに付けていた料金を2倍ほどに下げたのだから、まだまだボッタクリであることには変わりないのだが、江原道はどんな指導をしたのか。

「値下げしない宿泊施設には消防法に基づく査察を行う」と宣言したのだ。すると、一挙に宿泊料金が下がった。

つまり、ほとんどの宿泊施設は消防法の基準をクリアしていないのだ。

「消防法を守れ」ではなく、「値下げしないなら」……こんな行政指導の在り方を、韓国のマスコミが何ら問題にしていないところにも「民度」が表れているのではなかろうか。ともかく、火災がなかったことは幸いだった。

メインプレスセンターの前には、「モルゲッソヨ」（韓国語の意味は「分かりません」）の俗称で日本のネットで有名になった三本の男根のオブジェが建っている。芸術作品であり、13年から現在の位置にあるらしいが……「慰安婦大国らしい風景」とでも言うべきなのだろうか。

そういえば、この大会では選手、報道陣も含む大会関係者に11万個ものコンドームが無料配布された。

事実上の国営通信社である聯合ニュースの記事（2月2日）の書き出しがＡＦＰの転電であることは合点《がてん》がいかないが、「冬季五輪では史上最多となる。10年のバンクーバー大会、14年のソチ大会に比べ1万個多い。平昌五輪に出場予定の２９２５人の選手数で割ると、１人当たり37・６個となる」と、意気揚々の書きっぷりだ。

記事の末尾には、「選手へのコンドーム配布は１９８８年のソウル五輪から始まった」とあった。改めて言おう。さすが慰安婦大国です。

五輪の政治利用宣言

競技のほうは、心配されていたとおり、スキージャンプ、アルペン、スノーボードなどが強風の影響をまともに受けて、延期になったり、中断したり、あるいは競技自体が「風が吹くか吹かないかによって、くじ引きみたいなもの」になった。

朝鮮日報（2月12日）によると、スノーボード女子スロープスタイルの決勝戦では、出場した25選手のうち6番目のジャンプをきちんと飛べなかった選手が16人に達した。風のためだ。

「会場では強風の音に加え、選手たちが転倒するときの音がひっきりなしに聞こえていた」と同紙は書いている。

同じ韓国紙でも、中央日報（2月12日）の見出しは「スポーツと文化の感動ドラマで順調な出発」だった。配信時間は14時18分。すでに強風のため中断する種目が出ていたのに。

韓国のマスコミが取材・報道に力を入れたのは、個々の競技よりも、この五輪を機に韓国に来た北朝鮮代表団の動向、とりわけ金正恩労働党委員長の妹である金与正氏と文在寅大統領との一挙手一投足だった。

振り返れば、文在寅大統領は17年6月中旬まで平昌五輪について何も語ったことがなかった。ところが、文在寅氏とＩＯＣのバッハ会長との会談日程（同年7月3日）が決まるや、政権中枢は五輪について語るようになり、同年6月24日には大統領自身が南北合同チームを提案した。

文在寅大統領は、五輪はもちろんスポーツそのものに関心がない。が、北朝鮮が来るなら話は別だ。いや、と言うよりは、大統領とその周辺は「北朝鮮」にしか関心がないのだ。文在寅氏とその周辺は、北朝鮮指導部の意向を忖度《そんたく》することに長《た》けている。北朝鮮にとって五輪参加は、何ら損することがない。だから北朝鮮は必ず参加すると読んでいたのだろう。

女子アイスホッケーは「南北合同チームを組む」という政治の決定により、韓国人選手の中から3人が脱落することになった。青春をかけて練習してきた選手にとっては信じられないことだ。

が、大統領は18年1月17日、女子アイスホッケーの訓練施設を訪れると、冷酷に語った。
「（合同チームで臨むことにより）多くの国民的関心が集まり、不人気種目の悲しみを終わらせる良い契機になるだろう」

「南北が一つのチームを作って競技すること自体が長らく歴史の名場面になり、国民と世界の人々がその姿を見ながら感動するだろう」

「（国民は）寒い夜中に道端に座り、ロウソクを手にして国らしい国をつくることを念願した」

「いまでも高位公職者の国政壟断《ろうだん》・腐敗犯罪・採用不正のように特権と反則の姿を見ながら国民は怒っている。国民が今回の五輪を見ながら、そのような傷や痛い心をなぐさめ、癒す五輪になってほしい」

つまり、平昌五輪、とりわけ女子アイスホッケーを「政治の材料として利用する」と宣言したようなものだ。

性格が悪すぎる人々

こうした流れからすれば、文在寅氏にとって金与正氏とともに観戦した合同チーム初戦（2月10日）は「最高の栄《は》えある舞台」であったはずだった。

ところが、スポーツソウル（2月12日）が伝えるところ、３階の観覧席は半分以上が空席で、第3ピリオド中に発表された入場観客数は３６０１人だった。これに先立ち行われた日本―スウェーデン戦の観客数3762人よりも減ってしまったのだ。

保守系紙の枠組みを離脱して日和見《ひよりみ》する中央日報（同）の記事は「競技場を満たした3600人余り」と、3600人で満員であるかのような錯覚をもたらす。

それでも、「うち、半分は『私たちは一つ』を叫んで北朝鮮応援団に呼応した。だが、一方の半分は押し黙っていた」とあり、「北朝鮮の応援がわざとらしくて居心地《いごこち》が悪い」という韓国人観客の声を伝えている。

実は、女子アイスホッケー初日のチケットは早々と完売していた。チケットを買った、あるいは企業や自治体からもらったのに会場に来なかった人が相当数いたのだ。なぜだろうか。ともかく完売だったので、国技「サクラの動員」に抜かりがあったのだろう。

手が空いた自願奉仕者は、即サクラの要員だった。

これに先立つ開会式前のレセプションでは、ペンス米副大統領と安倍晋三首相が故意に遅刻して姿を見せ、文在寅政権の北朝鮮への対応姿勢に不快感を示した。ペンス氏はわずか5分間で会場を去ってしまった。

韓国大統領府は安倍氏の姿勢に報復するかのように、「高位関係者」が韓国人記者団を招き、「首脳会談に対して追加で申し上げることがある」として、「首脳会談で安倍氏が『韓米合同軍事訓練を予定どおりに進めるのが重要だ』と述べ、文氏は『内政に関する問題を安倍氏があれこれ言ってもらっては困る』と答えた」ことを明らかにした。

日本政府当局者は首脳会談直後のブリーフィングで、「韓米合同軍事訓練関連の言及はあったか」との質問に、「両国が北朝鮮に対する圧力を最大限まで高めようということで意見が一致した。これ以上の対話は公開できない」と述べた。韓国側のブリーフィングでも出なかった。

ということは、両国が「発表しない」ことで合意していた部分を韓国側が破ったのだ。

合意破りも韓国の国技だが、韓国側が明らかにしたやりとりは、韓米合同軍事訓練を予定どおりに進める考えはないことを示唆したものといえる（実際の日韓首脳はどうだったのか。私は2月13日の産経新聞「平昌五輪・政治祭典の舞台裏」を、図書館に行ってでも読むようにお薦めする）。

文在寅大統領は、金与正氏の２泊３日の滞在中に４回会った。そしてレセプションを除いて、大統領、統一相、大統領府秘書室長、首相がそれぞれ主催者となり、４回の食事をして接遇した。

文在寅大統領とペンス副大統領は１回会食したが、安倍首相には食事の接待がなかった。

自身が中国訪問の際に味わった屈辱（3泊4日の日程中、中国要人との会食は2回しかなかった）を、日米首脳に向けて晴らそうとしたのか、まさか。

「北4・米1・日0」は、国際社会での文在寅政権の傾斜の具合を如実に示す数値だ。

文在寅政権中枢にとって関心は北朝鮮だけ、北朝鮮を核保有国としたまま、どう体を張って守っていくかしかない。文在寅政権は南北対話により「北朝鮮の非核化」を推進しようとしている、といった間抜けニュースなど、ゆめゆめ信じてはならない。

着々と進む保守派壊滅策

韓国の左翼政権が、国民の目が五輪に向いている間にも、着々と保守派壊滅策を講じていることも見逃してはならない。

「大統領府が準備している憲法改正案では、現行の『自由民主主義』から『自由』の字句が削られた」

「歴史教科書では、朝鮮戦争の部分で『北の南侵』が削除されることになった」

五輪の期間中に韓国紙が伝えるや、当局は「まだ決まったことではない」などと否定したが、これは国民に対するジャブだったと見るべきだろう。

韓国の検察は、瞬く間に「朴槿恵政権の番犬」から「文在寅政権の猟犬」に変わった。

検察は17年暮れから、李明博《イミョンバク》元大統領の側近を次々と聴取、あるいは逮捕し、国家情報院の資金流用や、民間人査察などの容疑で取り調べを進めてきた。

それに対し、李氏は18年1月17日、「積弊《せきへい》清算という言葉で行われる検察の捜査に、多くの国民は『保守壊滅を狙った政治工作』であると同時に、『盧武鉉元大統領の死に対する政治報復』と考えている」と指弾した。

この発言に対し、青瓦台《チョンワデ》（大統領府）スポークスマンは翌18日、「盧氏の死に直接言及し、政治報復などと語ったことに怒りを禁じ得ない」とする大統領発言を伝えた。

絶対権力者である現職大統領が「怒りを禁じ得ない」と述べたことは、検察に対して「李明博を逮捕しろ」と逆指揮権を発動したと言ってよい。

そうしておいて、韓国大統領府は李明博氏を五輪開会式前のレセプションに招待した。

李氏の側近の間では、招待に応じるべきかどうかをめぐり相当な議論があったとされる。

李氏が出席したのは、「現政権を恐れない元大統領の威厳」を見せるためだったのかもしれない。あるいは、平昌招致を決めた時の大統領は自分だという自負があったのかもしれない。

レセプションの招待客は200人ほどだった。各国要人の他は、大部分がスポーツ関係者だ。各国要人は特別入場口があり、そこには大統領が立ち、一人ひとりと握手を交わした。

元大統領が回されたのは「一般人入場口」。スポーツ関係者らと並んで入場を待てということだ。

きっと、「来るなら最大限の屈辱を与えてやれ」との最高意思が働いたのだろう。

事実上の与党機関紙になったハンギョレ新聞は、前々から「五輪後に李明博逮捕」を既定のコースのように報じてきたが、検察は改めて「五輪が閉幕したら、李氏を直接取り調べる」とリークした。そして大統領府は、五輪閉会式の招待状を李氏に届けた。

「どこまで性格が悪い人たちなのか」としか私には思えない。

文在寅は「左翼のヒトラー」

2月7日には、国防省の5・18特別調査委員会が報告書を公表した。5・18とは、38年前の光州《こうしゅう》事件のことだ。

「陸軍は攻撃ヘリ500MDと機動ヘリUH1Hを使って光州《クアンジュ》市民に向かって射撃し、空軍も水原《スウォン》の第10戦闘飛行団と泗川《サチョン》の第３訓練飛行団に戦闘機と攻撃機に爆弾を装着したまま待機させていた」というのだ。

光州市内には、暴動中にもジャーナリストがいた。ヘリから市民への射撃があったなら、すぐにニュースとして伝えられていただろう。

が、38年ぶりに「新事実」が明らかになったというのだ。

慰安婦の「強制連行」も、50年近く経ってから明らかになった「新事実」だった。そういう国なのだ。

慰安婦「強制連行」という「新事実」の標的は日本だった。

「ヘリで市民を銃撃」との「新事実」の標的は、全斗煥《チョンドゥハン》元大統領だ。

国内保守勢力を壊滅させ、右には決して戻らない国内体制を構築するためには、保守グループの頭目を一人ずつ潰していく。朴槿恵氏はすでにお縄にしている。ならば次は李明博氏。その次は、韓国の左翼勢力にとっては「絶対に許せない軍事政権」を率いた全斗煥氏というわけだ。

朴槿恵政権と親密だった高級官僚も危うい。すでに外交省では日本担当だった上級職、あるいは慰安婦合意に関係した大使らが、韓国紙の表現を借りれば、次々と「人事不幸」

に遭っている。

金融界の上層部は「不正採用」をした嫌疑で次々と締め付けられている。そして財閥のオーナー一族は――実際に悪いことばかりしてきたからだが――公正取引委員会、検察、金融監督院などの国会を通さない行政措置で締め上げられ、何も言えない立場に追い込まれている。

遠からず左翼権力の刃《やいば》は、保守系マスコミに向かうだろう。

大火災のたびに遺族の前で涙を滲《にじ》ませ、庶民派の顔を振りまく文在寅氏とは、まさしく韓国を左翼全体主義国家に変えて、従北路線を突き進む「左翼のヒトラー」なのだ。

北朝鮮を守ることが大目標

「間もなく五輪だ」と国内が沸き始めた最中、文在寅大統領の娘が、大統領選挙が終わってから、まさしく「極左・従北」路線の政党である「正義党」に入党していたことを特ダネとして報じたのは、左翼紙の京郷新聞（1月29日）だった。

正義党は、そもそも極左政党「統合進歩党」の分派だ。

統合進歩党とは、北朝鮮が南進してくる際には発電所の破壊など後方攪乱《かくらん》の任務を遂行すべきだといった「学習目標」を掲げて、朴槿恵政権下ではあったとはいえ、憲法裁判所の判断で「解党処分」になった政党だ。

正義党は、統合進歩党とはちょっとした路線の違いはあれ、「極左・従北」路線だ。娘が、父親とは違う政党に入党する。しかも父親が大統領に就いてから……そんなことが、家父長支配型の韓国の家庭であり得るのか。

「家父長支配型の韓国の家庭」などと言うと、日本のパヨク（パーの左翼のこと）から「ヘイト」と言われるのだろうか。

しかし韓国の新聞は、父・河野洋平元官房長官と長男・河野太郎外相との意見の懸隔《けんかく》を、「正しい親に従わない悪い息子」とする視点から懸命に書いていたではないか。すなわち、韓国の常識は「家父長支配型」であり、娘は親の意見に従うのが普通なのだ。

その点、文在寅一家は「民主的な家庭」だから、娘は自分の意思を通せたのだろうか。

私は、父親の本音と正義党の主張が同じだからではないかと考える。

ちなみに正義党の代表は2月6日、韓国の国会で「北朝鮮に対する先制攻撃に反対決議をしよう」と演説した。北朝鮮を守ることが正義党の大目標なのだ。

「豚もおだてりゃ木に登る」どころか、「空を舞う」と言ったほうがいいのではないかと思えてくる。おだてとお世辞にからっきし弱い韓国の国民性のことだ。

韓国各紙は、外国人記者のお世辞コメントなどを手懸りに、読者が気恥ずかしくなるような総括記事を掲載した。

「平昌冬季五輪は、国際社会で〝文化強国〟としての韓国の地位を確固たるものにする礎《いしずえ》になった」（聯合ニュース1月25日）といった具合に。

「設備も運営も史上最高の五輪だった」なんて、欧米人記者はよく言うね。いや、これは皮肉だったのかもしれないが……。

五輪期間中に発せられたおだて・お世辞のうち、超弩級《ちようどきゆう》のそれは、北朝鮮の金与正氏が韓国の文在寅大統領に囁《ささや》いた「統一の扉を開ける主役になってほしい」の一言ではなかったろうか。

その一言で、文在寅氏とその中核スタッフは空に舞い上がり、従北派の本音を次々と曝《さら》したのだ。

あとがき

かねて私の原稿を担当してきた編集者の沼尻裕兵氏を、ある時、慰労しようと思った。彼は、私の仕事場の隣にある寿司屋をえらく気に入っている。

その寿司屋に予約した。その日の直前、「花田も同席していいでしょうか」と電話がきた。月刊誌『Hanada』の編集長である花田紀凱《かずよし》氏のことだ。もちろん「どうぞ」だ。

3人で飲み始めてすぐ、花田氏が「連載を引き受けてもらえないか」と切り出した。タイトルは「隣国のかたち」だった。

司馬遼太郎氏の『この国のかたち』のことが頭に浮かんだ。とても、あんな風に書けるはずがない。が、名文ではなく、事実で勝負すればいいかと思い直して、連載を引き受けた。

連載の話がまとまり、杯を重ねたところで、花田氏らがWAC社（月刊誌『WiLL』の発売元）から飛鳥新社に移り、新しい月刊誌を創刊することが分かった。

「えっ、本当に」という私に、2人は「えっ、知らなかったの」。

こうして『Hanada』の創刊号から、「隣国のかたち」の連載が始まった。18年4月号までで20回になる。そうした意味で、「隣国のかたち」は『Hanada』とともに歩んできた。

韓国情勢が緊張した時は、分量を増やした拡大版にした。拡大版は『崩韓論』（飛鳥新社17年2月）に収録した。拡大版ではない、いわば通常分19回と、18年4月号の拡大版に加筆したもの（第5章）をまとめたのが、この本だ。

ある時、沼尻氏が電話してきた。

「韓国の断面を取り出してみると、どうして喜劇になってしまうのでしょうか」

本当だ。ある断面を取り出し、経緯を調べてまとめると、どれもこれも喜劇というよりは笑劇になってしまう。

おそらく、仕事に取り組む姿勢の〝いいかげんさ〟、その場しのぎの嘘を吐《つ》いても平気なこと、捏造《ねつぞう》されたファンタジー史を信じていること、そして「ウリ（われわれ）は世界一優秀な民族だ」という選民思想の教育……これらが相互に作用して出てくる断面は、日本人から見ると〝お笑い〟でしかないからだろう。それは韓国人がユーモアに溢れているわけではなく、日本人とはソリが合わないということだ。どうにもソリが合わない隣国だが、その冷厳なウオッチは、日本の安全を守るためにも続けていかなくてはならないと思っている。

２０１８年３月２日
室谷克実

室谷　克実（むろたに・かつみ）

1949年、東京生まれ。評論家。慶應義塾大学法学部を卒業後、時事通信社入社。政治部記者、ソウル特派員、宇都宮支局長、「時事解説」編集長を歴任。2009年に定年退社し、評論活動に入る。著書に『呆韓論』（産経新聞出版）、『悪韓論』『日韓がタブーにする半島の歴史』『韓国は裏切る』（新潮新書）、『崩韓論』（飛鳥新社）など多数。

なぜ日本人は韓国に嫌悪感を覚えるのか

月刊Hanada 双書

2018年4月7日　第1刷発行

著　者　室谷克実
発行者　土井尚道
発行所　株式会社　飛鳥新社
〒101-0003　東京都千代田区一ツ橋2-4-3　光文恒産ビル
電話　03-3263-7770（営業）　03-3263-7773（編集）
http://www.asukashinsha.co.jp
装　幀　神長文夫＋柏田幸子
印刷・製本　中央精版印刷株式会社

ISBN 978-4-86410-598-9

編集担当　沼尻裕兵　工藤博海